VOYAGE CLASSIQUE

EN

ITALIE ET EN SICILE

(GÉOGRAPHIE ANCIENNE ET MODERNE),

AVEC CARTE LITHOGRAPHIÉE

PAR

J.-L.-H. ROCHE,

Professeur d'Histoire.

TOULOUSE.

BON ET PRIVAT, LIBRAIRES-ÉDITEURS,

Petite rue Sainte-Ursule, 9,

Et chez l'auteur, rue Montaudran, 60.

1847.

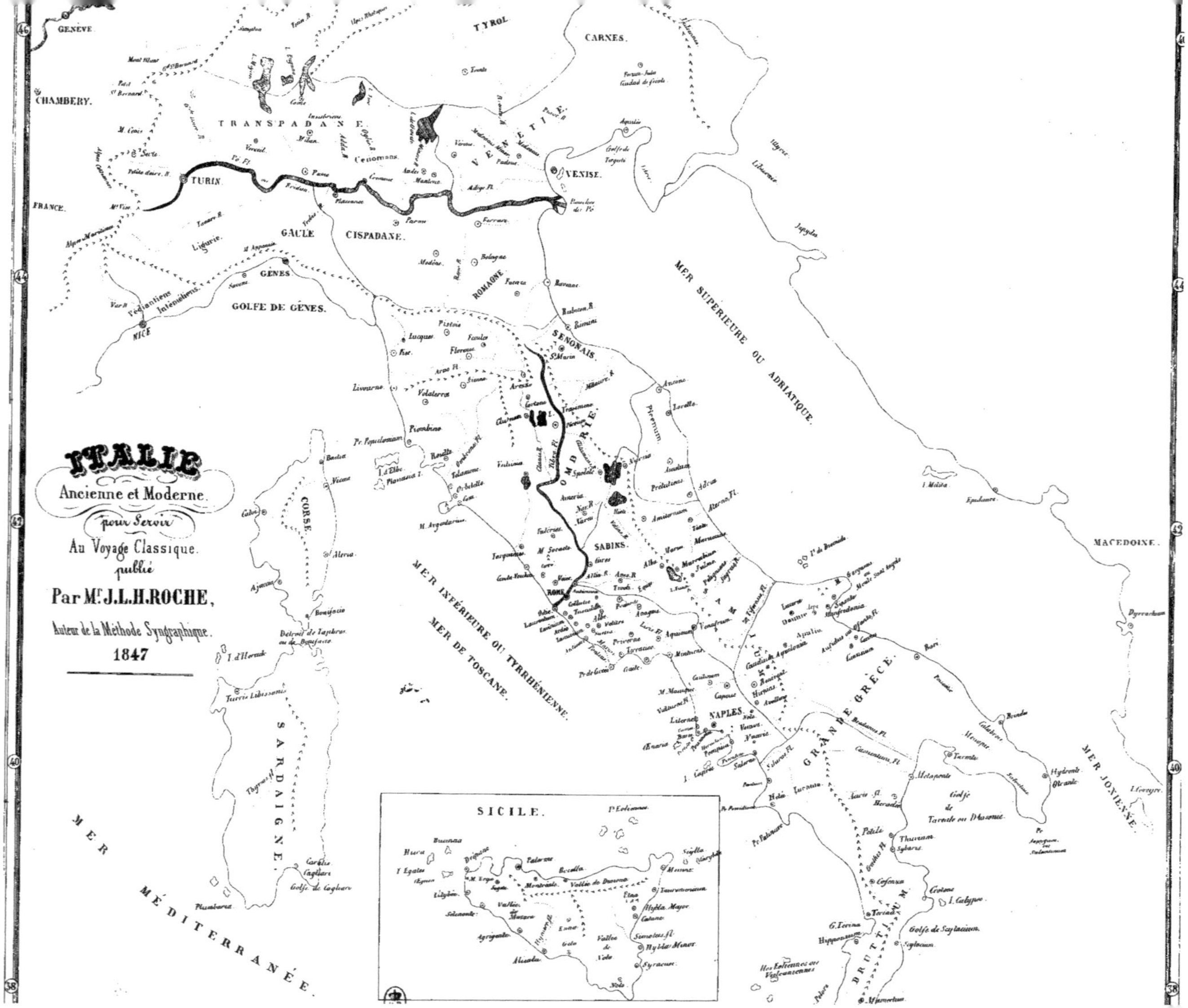

ITALIE
Ancienne et Moderne.
pour Servir
Au Voyage Classique.
publié
Par Mr. J.L.H. ROCHE,
Auteur de la Méthode Syngraphique.
1847
GENÈVE
CHAMBERY.
FRANCE.
TYROL
CARNES.
TRANSPADANE.
TURIN.
VENISE.
VENETIE.
GAULE
CISPADANE.
GÊNES
GOLFE DE GÊNES.
NICE
ROMAGNE
SENONAIS.
OMBRIE.
SABINS.
ROME
NAPLES.
GRANDE GRÈCE.
BRUTTIUM.
CORSE.
SARDAIGNE.
SICILE.
MACEDOINE.
MER SUPERIEURE OU ADRIATIQUE.
MER INFÉRIEURE OU TYRRHÉNIENNE.
MER DE TOSCANE.
MER MÉDITERRANÉE.
MER JONIENNE.

VOYAGE CLASSIQUE

EN

ITALIE ET EN SICILE.

TOULOUSE, IMPRIMERIE DE A. CHAUVIN ET Cᵉ,
rue Mirepoix, 3.

VOYAGE CLASSIQUE

EN

ITALIE ET EN SICILE

(GÉOGRAPHIE ANCIENNE ET MODERNE),

AVEC CARTE LITHOGRAPHIÉE;

PAR

J.-L.-H. ROCHE,

Professeur d'Histoire.

TOULOUSE,

BON ET PRIVAT, LIBRAIRES-ÉDITEURS,

Petite rue Sainte-Ursule, 7.

1847.

PRÉFACE.

Tous ceux qui ont étudié sérieusement les annales de Rome ainsi que les voyageurs qui ont parcouru l'Italie connaissent le charme attaché aux souvenirs que réveille cette terre classique. On n'y peut faire un pas sans éprouver le besoin de revoir et de considérer encore tant de cités illustres, tant d'ouvrages étonnants, tant de monuments fastueux où le génie du peuple roi se trouve encore empreint. Tout y rappelle la gloire antique de ces hommes incomparables, aussi bien que des grands événements qui s'accomplirent pendant les phases diverses de leur superbe domination. Mais, à cette gloire éphémère qui marqua le passage de ce peuple éminemment providentiel, succéda pour la Rome nouvelle une ère de grandeur tout autrement remarquable. Une révolution profonde dans les mœurs, dans les idées comme dans les arts, fit pressentir à la belle Ausonie les nouveaux bienfaits que le ciel lui réservait encore. La présence des pontifes suprêmes dans la ville éternelle fut un gage précieux de prospérités nouvelles qui lui étaient promises, et l'on sait comment se sont réalisées ces magnifiques promesses. Le seul aspect de la cité sainte apprend assez au voyageur étonné ce que Rome a gagné dans les âges qui ont suivi sa décadence, et tout ce qu'elle doit de splendeur et de magnificence aux siècles chrétiens.

Les temps antiques et les âges modernes se réunissent donc pour compléter ce panorama que nous avons eu l'idée de présenter à la jeunesse; elle retrouvera dans ces quelques pages, fruit de nos modestes loisirs, tout ce qu'elle a besoin de connaître pour suivre avec intelligence les dissertations savantes des maîtres qui dirigent leurs études. Les élèves qui s'appliquent à l'étude de l'histoire, et ceux qui s'occupent des langues anciennes, s'apercevront aisément que rien n'est omis dans cette vaste nomenclature d'objets sur lesquels on cherche à fixer leur attention.

Toutes les cités qui soutinrent une lutte héroïque avec le peuple roi, les traits les plus saillants de cette guerre impitoyable engagée contre les peuples de l'antique Italie, tous les lieux remarquables où se sont passés tant d'événements que l'histoire a inscrits dans ses fastes, tous les monuments qui en ont perpétué la mémoire et dont le voyageur contemple encore les admirables débris, tout a trouvé sa place dans le cadre si restreint que nous avons dû nous prescrire dans l'intérêt de nos jeunes lecteurs; et cependant, malgré l'extrême réserve que nous nous sommes imposée, nous avons trouvé le moyen de traiter, avec une assez juste étendue, la partie moderne qui se rattache à notre voyage classique. Le jeune homme qui voudra partager avec nous le charme de nos excursions lointaines comprendra bientôt qu'il foule à chaque pas la patrie des beaux-arts, la terre qui a vu naître tant de chefs-d'œuvre et qui s'enorgueillit à bon droit d'être encore le foyer où tant d'artistes célèbres sont venus, à des époques diverses, chercher les plus nobles inspirations. Avons-nous besoin d'avertir nos lecteurs que, si la part que nous avons faite à l'homme, en contemplant les œuvres de son génie ou de son industrie, est assez honorable, les beautés naturelles dont le Créateur a doté cette terre privilégiée ont aussi leur part d'admiration et d'éloges? Aspects délicieux, sites enchanteurs, phénomènes singuliers, tout a été soigneusement observé et décrit. Aussi, comme nous l'avons annoncé, ce modeste opuscule peut-il être considéré comme un manuel propre à intéresser le voyageur et presque indispensable pour les nobles émules de la science et des lettres.

Le Conseil royal de l'instruction publique à qui cet ouvrage fut soumis, il y a quelques années, a témoigné, par son rapporteur, de l'intérêt qu'avait inspiré la lecture de notre voyage. Les avis qui nous furent adressés à ce sujet ont été reçus avec une parfaite déférence; l'ouvrage tout entier a été revu attentivement et modifié dans le sens même du rapport. Nous lui avons conservé, il est vrai, sa forme première, parce que nous sommes convaincu que les entretiens sont plus propres à réveiller l'attention du lecteur et qu'ils peuvent être reproduits avec avantage dans les exercices classiques. L'avenir nous apprendra bientôt si nous avons rempli le vœu des maîtres et celui des élèves.

VOYAGE EN ITALIE.

PARTIE SEPTENTRIONALE.

UN CICERONE.

Nous voici dans l'une des plus belles régions du monde, dans cette Italie qui fut le berceau de la grandeur romaine, que des rois gouvernèrent successivement jusqu'à l'établissement d'une république à jamais fameuse et qui vit enfin s'élever un empire à qui l'univers entier fut soumis.

LÉOPOLD.

Les Barbares qui inondèrent l'Europe vers le IVe et le Ve siècles n'ont-ils pas fondé quelque royaume en Italie?

LE CICERONE.

Le fier Alaric, à la tête de ses Goths, pénétra jusqu'à Rome et s'en empara vers la fin du IVe siècle. Les Huns, les Vandales, les Hérules, peuples du Nord, inondèrent tour à tour ce vaste pays. Odoacre, chef des Hérules, humilia le faible Augustule, dernier empereur d'Occident, et affermit la domination des Goths qui ne furent chassés que par Narsés, général de Justinien Ier.

LÉOPOLD.

Je me souviens que c'est à Narsés que commença l'exarchat constitué définitivement à Ravenne par Longin qui prit le premier le titre d'exarque.

LE CICÉRONE.

Les Lombards envièrent aussi le beau ciel de l'Italie et s'établirent dans la Gaule Cisalpine. Leur dernier roi disparut sous Charlemagne qui fit revivre en sa personne la dignité impériale.

JOSEPH.

Parcourons ensemble la Gaule Cisalpine que le fleuve du Pô divisait en Gaule Cispadane et en Gaule Transpadane, et qu'on nommait *Togata* à cause de la toge romaine que ses habitants avaient eu la permission de porter.

LE CICERONE.

Nous voici chez les Taurins ou dans le Piémont moderne. Vous les voyez au pied des Alpes cottiennes s'étendant dans les plaines fertiles où le grand Annibal fit reposer ses troupes, après avoir franchi ces montagnes.

LÉOPOLD.

Le Piémont. Turin. (*Augusta Taurinorum.*)

Turin (*Augusta Taurinornm*) fut, dit-on, emportée d'assaut par le général carthaginois qui reçut aussitôt l'hommage de ce peuple.

JOSEPH.

Je crois que Constantin défit le tyran Maxence aux portes de cette capilale. — Par quel fleuve est-elle arrosée ?

LE CICERONE.

Par le Pô qui reçoit la petite Doire (*Doria minor*). Turin est aujourd'hui une ville très-remarquable, les rois de Sardaigne y font leur résidence. Toutes les rues de cette élégante cité se terminent par des points de vue enchanteurs. Géographie moderne.

LÉOPOLD.

Aussi est-elle entourée de collines où dominent de somptueux palais et des villa délicieuses.

LE CICERONE.

Son théâtre est un des plus beaux de l'Europe. On remarque à Turin, la rue du Pô, la place Saint-Charles et la cathédrale de Saint-Laurent toute revêtue de marbre noir.

JOSEPH.

Mais, puisque nous sommes dans le voisinage des Alpes et que nous nous occupons des états qui composent le royaume de Sardaigne, il me semble que notre guide aurait dû nous dire un mot de la Savoie que nous avons laissée au-delà des monts. Ce pays m'a toujours intéressé par le caractère de probité et l'industrieuse activité de ses habitants. La Savoie.

LE CICERONE.

Je reviens avec plaisir sur cette partie de la Gaule Transalpine où tant de pauvres familles savent, malgré leur misère, trouver le moyen de pourvoir à leurs besoins. C'est au sein de ces montagnes que nous retrouvons ces jeunes enfants que la France et l'Italie voient chaque année se disséminer sur leur sol et se rendre utiles par leurs travaux ou leur industrie. Après une longue et pénible tournée, ces petits Savoyards regagnent leurs montagnes et le toit paternel pour offrir à leurs mères les fruits d'une sage économie.

LÉOPOLD.

Une marmotte a fait souvent la fortune de ces pauvres enfants.

LE CICERONE.

C'est un triste séjour que la Savoie lorsque l'hiver y fait sentir ses rigueurs. On ne peut considérer sans effroi, mais aussi sans admiration, ses glaciers et ses montagnes. Placé à une assez grande élévation, le voyageur découvre un amphithéâtre vraiment imposant. C'est le mont Blanc couvert de neiges éternelles, le grand Saint-Bernard où la charité a ménagé un asile au malheureux voyageur, qui périrait infailliblement sans l'infatigable sollicitude des religieux qui veillent sur leur sort dans cet affreux désert.

JOSEPH.

Nous découvrons au sein des montagnes la capitale

de la Savoie, Chambéry, dont les rues étroites et irrégulières rendent le séjour peu attrayant. Plus loin, la petite ville d'Aix nous offre ses bains sulfureux et ferrugineux qui attirent un grand nombre de voyageurs de toutes les parties de l'Europe. Chambéry.

LE CICERONE.

Revenons en Italie par la route merveilleuse du Simplon, monument du génie militaire qui distinguait Napoléon, et qui suffirait seul pour immortaliser son souvenir. On ne se rappelle qu'avec effroi les dangers de toute espèce qu'il fallait braver pour se rendre en Italie avant l'exécution de cet étonnant ouvrage.

LÉOPOLD.

Au lieu de descendre dans les plaines riantes et fertiles de la Lombardie, je suis d'avis que nous reprenions nos excursions par le mont Cenis et que nous descendions à Suse; la vallée qu'arrose la petite Doire nous rappellera les Ségusiens, peuple fort remarquable de l'antiquité, en ce qu'il ne subit jamais le joug de la domination romaine. Suse. (*Segusio.*) Partie ancienne.

LE CICERONE.

Suse (*Segusio*) était et se trouve encore une des clefs des Alpes et de l'Italie. Elle était la résidence d'un prince nommé *Cottius*, qui recbercha l'amitié d'Auguste et fit des efforts incroyables pour rendre praticable le passage des Alpes dans le canton où il régnait. L'empereur Claude le fit roi, et son petit royaume ne fut joint à l'empire que sous Néron.

JOSEPH.

N'avons-nous pas au nord-est de Suse un peuple qui fut moins heureux que les Ségusiens ?

LE CICERONE.

Aoste. (*Augusta Prætoria.*) Ce sont les Salasses compris dans la vallée d'Aoste (*Augusta Prætoria*). Murena, sous prétexte de calmer leur révolte, répandit ses troupes dans le pays et lui enleva 40,000 habitants qui furent arrachés de leurs foyers sans miséricorde. 3,000 soldats prétoriens remplacèrent ces malheureux et bâtirent la nouvelle ville qui prit le nom d'*Augusta Prætoria*.

LÉOPOLD.

Verceil. (*Vercellæ.*) Novare. (*Novaria.*) En nous dirigeant vers la Lombardie nous découvrons Verceil (*Vercellæ*) et Novare (*Novaria*), deux villes importantes qui embrassèrent, sous l'empire romain, le parti de Vitellius.

LE CICERONE.

Ivrée. (*Eporedia.*) Vous laissez derrière vous Ivrée, sur la grande Doire, l'ancienne *Eporedia*, où des prisonniers salasses enlevés par Murena furent vendus comme esclaves, sous la clause expresse qu'on les conduirait bien loin, et qu'on ne les affranchirait pas avant vingt ans. Ces trois villes faisaient partie du pays des Lybiciens, nation ligurienne de la Gaule.

JOSEPH.

Les Insubriens. Parlez-nous des Insubriens qui firent partie de l'expédition de Bellovèse et qui soutinrent tant de guerres contre les Romains.

LE CICERONE.

Nous voici donc dans le Milanais, et par conséquent dans la Lombardie: Le Milanais.

Milan, l'ancienne *Mediolanum*, va fixer notre attention. Les Gaulois, après avoir disputé le pays aux Toscans, finirent par s'en rendre maîtres et fondèrent cette célèbre cité, capitale des Insubriens. Assiégée par les Romains et prise par Cl. Marcellus, elle détermina la conquête de toutes les autres villes des Insubriens. Milan. (*Mediolanum*.)

LÉOPOLD.

La vue de Milan me rappelle deux personnages illustres, le grand Théodose et le saint archevêque qui osa interdire à cet empereur l'entrée de sa cathédrale après le massacre affreux de Thessalonique.

LE CICERONE.

Le redoutable Attila visita aussi cette grande cité et fit effacer un tableau dont la vue humiliait son orgueil national. Un empereur y était représenté sur un trône entouré de Huns étendus morts sur la terre. Attila voulut y figurer sur le même trône et fit placer devant lui un empereur chargé d'un sac d'or qu'il versait à ses pieds.

JOSEPH.

Nous sommes sans doute très-rapprochés du lieu où Marius fit un massacre horrible de Barbares.

LE CICERONE.

Les Cimbres furent écrasés à trois lieues de Milan, au nord-ouest de cette capitale; vous avez vu dans l'histoire le courage héroïque que déployèrent les femmes de ces Barbares au moment où Marius leur refusa brutalement tout espoir de salut. Leur désespoir éclata d'une manière effrayante, car elles étouffèrent leurs enfants de leurs propres mains.

LÉOPOLD.

Connaissez-vous l'origine d'une petite ville, appelée Pontiruolo et située sur l'Adda, l'*Addua* des Romains ?

Pontiruolo. (*Pons aureoli.*)

LE CICERONE.

Pons Aureoli qui est son ancienne dénomination a pris son nom d'un berger qui usurpa sous Gallien l'empire d'Illyrie; il s'appeloit Auréolus. Cet aventurier voulut faire alliance avec Claude II, mais il périt sous les coups des soldats d'Aurélien.

JOSEPH.

A neuf lieues de Milan et au sud, j'aperçois une ville célèbre dans les temps modernes par le désastre qu'éprouva François Ier, en combattant l'armée de son rival Charles-Quint.

LE CICERONE.

C'est Pavie, jadis *Ticinum* au-dessus de l'embouchure du Tésin (*Ticinus*).

Pavie. (*Ticinum Papia.*)

LÉOPOLD.

Elle a porté aussi le nom de *Papia*.

LE CICERONE.

Elle fut rebâtie sous ce nom après qu'Odoacre, roi des Hérules, l'eut saccagée de fond en comble. C'est là que périt, de la main de ce Barbare, Oreste, père d'Augustule, dernier empereur des Romains en Occident.

ALFRED.

Messieurs, permettez-moi une seule observation; je crois que vous passez trop rapidement sur les lieux que vous parcourez, et j'ajoute même que vous devriez mettre un peu plus d'ordre dans vos dissertations. Je vous écoute avec le plus vif intérêt, mais votre marche me semble bien précipitée. Vous êtes déjà loin des sources du Pô; vous n'êtes plus dans les états Sardes, et cependant que de choses à observer encore! Veuillez me permettre de prendre part au voyage, et nous visiterons ensemble les villes remarquables que vous avez négligées dans la partie méridionale du royaume de Sardaigne. Partie moderne.

LE CICERONE.

La question relative aux Insubriens est la cause de cet oubli involontaire; mais je suis prêt à le réparer.

Ainsi, je nommerai Casal sur le Pô, ville forte et capitale du Monferrat, Alexandrie sur le Tanaro, au sud-est de Turin, et à une lieue de là le bourg Casal. Alexandrie.

Marengo. fameux de Marengo qui rappelle un exploit si glorieux pour la nation française.

ALFRED.

Franchissons la chaîne qui se détache des Alpes, et que nous retrouvons dans toute l'Italie sous le nom
Nice. (*Nicæa.*) d'*Apennin*; nous visiterons la ville de Nice dans le comté de ce nom, à une lieue de l'embouchure du Var.

LE CICERONE.

Les étrangers chercheraient en vain un séjour plus délicieux : la situation de Nice est ravissante, son climat doux et tempéré, l'on y est constamment embaumé des parfums suaves qu'exhalent les plantes et les arbustes qu'on y rencontre. Aussi, les voyageurs ne quittent qu'à regret cette heureuse contrée, surtout dans la saison des frimas. Ils voudraient tous passer l'hiver à Nice.

ALFRED.

Suivons le littoral de la Méditerranée, et nous
Monaco. trouverons sur nos pas le petit port de Monaco,
Mantoue. capitale de la principauté de ce nom, et Mantoue qui en est la cité la plus importante. Vintimille, Oneille, viennent ensuite, et un peu plus vers le nord on découvre Savone qui se souvient encore de la captivité de l'illustre Pie VII.

LE CICERONE.

Gênes. Nous voici au fond du golfe de Gênes où une ville

superbe, en étalant à nos yeux ses magnificences, nous rappelle des souvenirs de grandeur et de gloire.

JOSEPH.

En venant de Marengo, comment arrive-t-on à Gênes, que je vois si bien défendue vers le nord par la chaîne des Alpes maritimes ?

LE CICERONE.

On pénètre sur son territoire par une gorge étroite et solitaire; mais ce n'est point par cette avenue qu'il faut juger de l'aspect de cette grande cité qui fut jadis la reine des mers. C'est du côté de la mer qu'il faut admirer ce magnifique amphithéâtre d'édifices, qui offre à l'œil un spectacle vraiment surprenant. L'intérieur de Gênes ne vous donnerait pas même une idée avantageuse de cette ville que vous ne pouvez parcourir qu'à pied, tant ses rues sont étroites, humides et escarpées.

LÉOPOLD.

Je crois pourtant que Gênes a des rues belles, spacieuses et embellies par des palais magnifiques.

LE CICERONE.

Vous parcourrez avec plaisir, il est vrai, les rues *Balbi*, *Nuovissima* et *Nuova*, et vous y distinguerez les palais qui portent le nom de *Doria*, *Balbi*, *Durazzo* et *Palaviccini*. Le marbre brille de toute part sous leurs portiques somptueux, et des arbustes odoriférants ornent les belles terrasses qui les surmontent. Tous les arts se sont plû à embellir ces fastueuses demeures où l'on a prodigué l'or, l'albâtre et le porphyre et où l'on rencontre des chefs-d'œuvre de peinture et de sculpture. Mais les modernes possesseurs de ces brillants palais ne sont plus à la hauteur que suppose un extérieur si imposant. Leur fortune n'est plus en rapport avec cette magnificence. Ils végètent et languissent dans un coin de ces nobles demeures.

JOSEPH.

Trouve-t-on à Gênes des promenades remarquables?

LE CICERONE.

Vous verrez avec intérêt les belles allées de l'*Acqua-Verda*, de l'*Acqua-Sola*; le pont même de *Carignano* est le rendez-vous de ce que le beau monde a de plus distingué.

ALFRED.

Je n'en suis pas étonné; on doit avoir un beau point de vue sur ce hardi monument, car il s'élance à cent pieds de hauteur par-dessus des maisons de six étages.

Maintenant, Messieurs, notre curiosité est, je crois, satisfaite. Quittons le port de Gênes, que les négociants ne négligeront jamais à cause des productions naturelles et industrielles qu'ils peuvent s'y procurer, et notamment à cause des huiles d'olive, des parfumeries, des belles étoffes de soie et des marbres dont les Génois sont abondamment pourvus.

LE CICERONE.

Nous revenons à Nice, vers les Alpes maritimes, sur les confins de la Ligurie, et nous nous rappellerons avec intérêt que là s'établit jadis une colonie venue de *Massilia.* Ce sont en effet les Marseillais eux-mêmes qui fortifièrent ce point important de la côte pour se garantir des Barbares et conserver la liberté de la mer. Plus tard, Messieurs, cette place tomba entre les mains des peuples ligures. C'est dans le voisinage de Nice que le Var porte à la Méditerranée le tribut de ses eaux. Géographie ancienne.

ALFRED.

N'avez-vous rien à rapporter des antiques traditions qui concernent la ville de Gênes ?

LE CICERONE.

Pressé de rentrer dans la Lombardie, je ne dirai qu'un mot de cette ancienne cité qui offrit de bonne heure un port favorable aux Liguriens. Avant l'époque où vécut Strabon, elle était la plus belle et la plus commerçante des villes de la Ligurie.

ALFRED.

Quel est le général carthaginois qui s'en empara ?

LE CICERONE.

Magon ; ce guerrier arrivant en Italie avec 30 vaisseaux, 12,000 hommes de pied et environ 2,000 chevaux, visita les côtes de Gênes et se rendit aisément maître de cette ville, car il ne trouva point de troupes chargées de sa défense.

Géographie moderne.

JOSEPH.

Milan.

Nous pouvons enfin visiter Milan, cette belle capitale du royaume Lombard-Vénitien, qui forme avec la superbe Venise les deux plus beaux fleurons de la couronne d'Autriche. Je n'oublie pas tout ce que vous avez rapporté de l'ancienne capitale des Insubriens; ce qui se rattache aux temps modernes ne doit pas offrir moins d'intérêt.

LE CICERONE.

L'arc de triomphe et le vaste amphithéâtre de Milan où 30,000 spectateurs pouvaient être réunis sont deux monuments que vous apercevez à l'extrémité de la route du Simplon et que vous contemplerez avec admiration.

N'oublions pas cette étonnante cathédrale, dont la fondation remonte au XIVe siècle, et qui n'est cependant encore qu'un ouvrage incomplet. Remarquez les 4,000 statues qui la décorent, et ces 160 colonnes de marbre noir qui soutiennent les cinq nefs dont l'église se compose.

LÉOPOLD.

J'aperçois une longue suite de portiques qui ornent les diverses entrées d'un vaste monument. C'est, je crois, la bibliothèque Ambroisienne avec ses 60,000 volumes et ses 20,000 manuscrits. Cet édifice offre, dit-on, aux arts, aux sciences et aux lettres, d'immenses ressources et de précieuses collections. Là se trouvent une académie de peinture et de sculpture, un cabinet d'antiques estimé des savants, un autre cabinet d'histoire naturelle et un jardin de botanique.

JOSEPH.

On nous a beaucoup vanté le théâtre de Milan.

LE CICERONE.

C'est en effet le plus majestueux de l'Italie. On le désigne par le nom de la *Scala*. Vous seriez vraiment saisi d'étonnement à la vue du luxe qu'on a prodigué dans les ornements de ce théâtre.

LÉOPOLD.

Nous sommes tous impatients d'arriver à Venise, cette fameuse rivale de Gênes, qui brilla d'un si grand éclat au moyen-âge. Le royaume Lombard-Vénitien renferme quelques autres cités qu'il faudrait nous faire connaître, car je présume que cette terre illustrée par tant de hauts faits doit être féconde en beaux souvenirs. Une courte revue nous suffira.

LE CICERONE.

Entre le Tésin et l'Adda vous apercevez le champ de bataille de Marignan où les Suisses purent apprécier la valeur et l'héroïsme de François Ier. Sur les rives de l'Adda, je crois voir encore le fameux pont de Lodi où les Français bravèrent l'artillerie des Autrichiens pour leur arracher la victoire.

Marignan.

Lodi.

A quelque distance du lac Iséo et vers le sud, vous voyez Brescia jadis témoin de l'intrépidité du chevalier Bayard. Au milieu du lac formé par le Mincio, Mantoue, siége d'un petit duché, se trouve naturellement défendue par les eaux qui l'entourent. Traversons l'Adige et jetons en passant un coup-d'œil sur le cirque de Vérone qui pouvait contenir 24,000 spectateurs.

Brescia. Mantoue. Vérone.

A Padoue, nous admirerons l'architecture de la cathédrale dédiée à saint Justin et nous descendrons enfin par le canal de la Brenta jusqu'à Venise.

Padoue.

ALFRED.

Géographie ancienne.

Avant de pénétrer dans cette grande cité déchue de son ancienne splendeur, voyons ce que l'histoire nous a conservé de souvenirs sur les lieux classiques que vous nous avez indiqués depuis Milan.

LE CICERONE.

A seize lieues de Pavie, et sur les bords du Pô, est une ville que nous avons négligée et qui mérite une mention particulière; c'est Crémone, bâtie par les Romains et livrée aux flammes par un général de Vespasien, 287 ans après sa fondation. C'était là que s'étaient établis les Cénomans ou Manceaux, peuple gaulois sorti des environs de la ville que nous appelons Le Mans.

Crémone. (*Cremona.*)

Vérone et Brescia, au nord de Crémone, s'étant révoltées, au temps de Narsès, à la voix du comte Widin très-honoré chez les Goths, furent forcées de se rendre au général romain, après avoir vu périr

Vérone et Brescia (*Brixia.*)

Aming, seigneur puissant de la Souabe, qui disputa longtemps la victoire aux légions du peuple-roi.

ALFRED.

Visitons la patrie de Virgile, la célèbre Mantoue, où l'illustre poète termina sa brillante éducation.

LE CICERONE.

Mantoue n'est pas réellement la patrie de Virgile; car il naquit à Andès, village qui en est assez rapproché. Andès (*Pietola*).

ALFRED.

J'ai cédé, comme vous voyez, au préjugé commun ; ce qu'il y a de certain, c'est que les ducs de Mantoue, pour illustrer le lieu de la naissance du prince des poètes latins, avaient fait construire à Andès une belle maison de plaisance qu'on appela *Virgiliana* et qui fut détruite au commencement du siècle dernier.

JOSEPH.

Mantoue n'eut-elle pas à souffrir du voisinage de Crémone au temps de Virgile?

LE CICERONE.

Vous devez vous rappeler la manière touchante avec laquelle Virgile déplore les malheurs que ce rapprochement attira sur sa patrie. Vous savez que les soldats d'Antoine, ne trouvant pas assez de terres à Crémone, y joignirent, en vertu d'une autorisation spéciale, le territoire de Mantoue, et en chassèrent les paisibles habitants.

2

JOSEPH.

Vous me rappelez maintenant une circonstance intéressante; c'est que le seul patrimoine de Virgile ne fut pas compris dans ce partage.

LÉOPOLD.

Vérone. (*Verona.*) Je retourne à Vérone, pour réparer quelques omissions importantes dans nos citations. En effet, il ne fallait pas oublier de nous dire qu'elle est comme une clef de l'Italie par sa belle situation. C'est près de Vérone que Constantin triompha du tyran Maxence en exposant sa vie comme le dernier de ses soldats.

Catulle, poète latin qui lança ses traits satiriques contre César et qui ne perdit pas sa bienveillance, naquit à Vérone, ainsi que Cornelius Nepos, l'architecte Vitruve et le fameux Pline l'ancien qui fut victime de son amour pour la science, en voulant considérer, au pied du Vésuve le phénomène d'une éruption.

ALFRED.

Padoue. (*Patavium.*) Voici le berceau de Tite-Live, l'ancienne Padoue bâtie, selon Virgile, par Antenor qui, après avoir échappé à l'incendie de Troie, y établit les Troyens restés fidèles à sa fortune.

LE CICERONE.

Padoue a depuis éprouvé bien des vicissitudes; prise et détruite par Attila, rétablie par Narsès, réduite en cendres par un roi des Lombards, elle se re-

JOSEPH.

leva enfin sous Charlemagne qui lui rendit son ancien lustre. Géographie moderne.

Je découvre enfin, au milieu des flots, cette fière cité du moyen-âge, cette Venise autrefois si puissante et si riche, qui dut sa grandeur et son opulence aux Croisades et qui fut redevable aussi de son éclat et de sa splendeur à un doge célèbre, au vieux Dandolo qui fit respecter sur les mers le pavillon de sa république, et devant qui des chevaliers français, des comtes et de hauts barons venaient fléchir le genou pour obtenir son intervention et ses secours dans les guerres saintes. J'avoue que l'aspect de Venise produit sur moi la plus vive impression par tous les souvenirs qu'elle réveille. Venise. (*Venetia.*)

LÉOPOLD.

On ne peut en effet considérer sans étonnement ces dômes magnifiques, ces antiques palais qui chancellent aujourd'hui sur leurs bases, ces aiguilles et ces croix magnifiques qui couronnent les édifices sacrés ; ce pont de *Rialto* formé d'une seule arche, et qui s'élève au centre de la ville. J'arrive sur la place de Saint-Marc, et le vaste monument qui la décore excite mon admiration. La pyramide, les statues dont cette église gothique est surchargée, les riches mosaïques qui l'embellissent au-dehors et à l'intérieur, les quatre chevaux de bronze qui ornent ses façades principales, l'horloge merveilleuse qui fixe mes regards, enfin le mouvement, le bruit que je remarque sur cette vaste place, cette réunion d'hommes de diverses nations qui conversent ou s'agitent dans l'intérêt de leur commerce ou de leur industrie, tout cela m'inspire un véritable intérêt. Mais après cela, messieurs, je vous laisse à deviner la dernière impression que produit sur moi le séjour de Venise.

LE CICERONE.

Sans doute, une impression pénible que partagent tous les voyageurs.

LÉOPOLD.

On est vraiment attristé au sein de cette cité, par l'absence de tous les objets qui vous distraisent ailleurs et vous intéressent si vivement. Ici plus de verdure, pas un arbuste, point de chevaux ni de brillants équipages; vous n'apercevez pas un seul oiseau dans les airs, pas un insecte qui bourdonne : tout a vraiment une apparence de mort. Seulement la voix aigre d'un gondolier dont le frêle esquif glisse sur la surface des eaux se fait entendre par intervalles et vous révèle la présence de quelques êtres vivants; sans cela on croirait avoir pris congé de la vie.

ALFRED.

Où résidait le doge, le chef de la république?

LE CICERONE.

Dans le palais magnifique, situé sur la place de

Saint-Marc. C'est là que siégeait le conseil des dix, duquel dépendirent si longtemps les destinées de Venise.

JOSEPH.

Où sont situées les fameuses prisons appelées Piumbi ou les Plombs ?

LE CICERONE.

Au-dessus des appartements somptueux qu'occupait le doge. Au-dessous étaient des cachots noirs et infects communiquant du palais à ces sombres prisons par le pont des Soupirs.

LÉOPOLD.

Y a-t-il quelque autre place que celle de Saint-Marc ?

LE CICERONE.

Il y a encore la Piazzetta, petite place où vous remarquerez deux colonnes antiques de granit couronnées, l'une par le lion ailé de Saint-Marc, et l'autre par la statue de saint Théodore, patron de Venise.

Venise, messieurs, n'est plus que l'ombre d'elle-même ; ici, comme à Gênes, vous verrez beaucoup de palais en ruine; il y en a même plusieurs abandonnés par leurs possesseurs qui n'ont plus les moyens de soutenir l'éclat et le luxe de leurs aïeux.

JOSEPH.

Est-il vrai que la cérémonie des épousailles de la mer ait eu lieu à Venise ?

LE CICERONE.

Le doge ne manquait jamais, au jour de l'Ascension, de monter avec les grands de la république sur un navire magnifiquement pavoisé, et de jeter à la mer un anneau de fiançailles, béni par le patriarche de Venise. Aujourd'hui, les fêtes brillantes ont disparu ; on ne voit plus, dans le port de Venise abandonné par le commerce, ces flottes victorieuses qui rapportaient l'or des conquêtes et excitaient la jalousie et la rivalité des peuples voisins.

Venise. *(Venetus portus)*

Venise n'était jadis qu'un simple port des Vénètes. A l'époque où le féroce Attila semait la terreur dans les contrées méridionales de l'Europe et portait en tous lieux le carnage et la mort, les habitants de la Vénétie cherchèrent à se dérober aux coups de ce farouche dévastateur ; ils se répandirent dans les îles et les lagunes du golfe Adriatique et y construisirent des cabanes où ils trouvèrent un asile assuré.

ALFRED.

Les Padouans, trente ans avant l'arrivée des Huns, étaient déjà maîtres des lagunes et avaient attiré des habitants dans l'île de Réalte ; mais les soixante-douze îles ne furent peuplées qu'à l'époque de la terrible invasion des Huns.

LE CICERONE.

Réalte était la principale de ces îles. Narsès se rendant de Salonne à Ravenne s'y arrêta. Il marchait alors contre Totila, roi des Goths. Il y fit vœu de bâtir deux églises, s'il parvenait à soumettre le

Barbare; les deux armées se rencontrèrent bientôt, et Totila perdit la bataille et la vie.

JOSEPH.

Comment étaient gouvernées les soixante-douze îles, avant l'établissement du doge ?

LE CICERONE.

Chaque île obéissait à un tribun; ce genre d'administration se perpétua jusqu'au VIIIe siècle, où Paul Anafesto, dit Paoluccio, prit le gouvernement de Venise sous le titre de doge.

LÉOPOLD.

J'attends avec impatience le moment où vous nous conduirez par-delà l'Apennin, dans les plaines riantes et fertiles de la Toscane cette ancienne Etrurie tant de fois témoin des luttes sanglantes du peuple romain. Géographie moderne.

LE CICERONE.

Nous avons encore à visiter quelques états célèbres situés au midi du Pô, et que vous ne voudriez pas avoir négligés.

ALFRED.

En effet, je suis curieux de connaître la résidence actuelle de l'illustre veuve du héros qui a tenu dans ses mains les destinées de notre France. L'archiduchesse Marie-Louise n'est-elle pas en possession des duchés de Parme, de Plaisance et de Guastalla ?

LE CICERONE.

Ils lui appartiennent et doivent passer après sa

mort au duc de Lucques dont les états seront alors Parme. réunis à la Toscane. Parme compte dans son enceinte Plaisance. trente mille habitants; Plaisance, délicieusement située au confluent du Pô et de la Trébie, a la même Guastalla. population; Guastalla bâtie sur la rive du Pô est une ville peu considérable.

JOSEPH.

Quel est le prince qui régit les états de Modène?

LE CICERONE.

C'est un archiduc de la maison d'Este; ce prince gouverne en même temps les anciens duchés de Reggio. Massa. Carrare. la Mirandole, de Reggio, de Massa et de Carrare; ce dernier est comme vous savez très-renommé par la beauté des marbres qu'il possède et que l'on désigne sous le nom de marbres de *Carrare*.

L'archiduc réside à Modène.

L'Arioste, fameux poète italien, naquit à Reggio.

Tous ces états, y compris ceux de Parme, professent la religion catholique qui est aussi celle du pays Lombard et du Piémont.

Citons encore le duché de Lucques, au sud de celui de Modène, et rappelons en passant la clause du congrès de Vienne qui l'adjugea comme indemnité à Marie-Louise de Bourbon, ancienne reine d'Etrurie, après laquelle il doit être réuni au grand duché de Lucques. Toscane. Lucques sa capitale est riche, belle et commerçante et compte 18,000 habitants.

LÉOPOLD.

Pouvons-nous maintenant nous rendre à Florence?

LE CICERONE.

Messieurs, le nord de l'Italie se compose de tant d'états différents que nous avons dû négliger jusqu'ici dans notre rapide analyse des objets bien importants sous le rapport historique et topographique. Je n'omettrais qu'à regret la nomenclature des lacs et des cours d'eau fameux que renferme l'ancienne Gaule Cisalpine; il faut que vous me permettiez d'en faire au moins une légère mention. Géographie ancienne.

ALFRED.

Nous vous invitons à compléter votre revue. Il n'est pas un de nous qui ne considère avec intérêt les lieux où le jeune Africain sauva le consul Scipion, son père, après la victoire d'Annibal sur le Tésin. La défaite de Sempronius sur les bords de la Trébie par le même guerrier se présente bien vite à ma mémoire, quand je parcours les rues de Plaisance où dix mille Romains échappés au massacre vinrent chercher leur salut.

LE CICERONE.

Vous savez que le Pô (*Eridanus*), ce roi des fleuves selon Virgile, sort du mont Viso (*Vesulus mons*), qu'il divise la Cisalpine, et se rend à l'Adriatique par sept embouchures (*Septem Maria*).

La petite Doire (*Doria Riparia*) se réunit à ce fleuve après avoir arrosé les murs de Suse (*Segusio*).

Entre le grand et le petit Saint-Bernard, naît la grande Doire (*Doria Baltea*), qui baigne Aoste et Ivrée.

Le Tésin sort du Saint-Gothard (*mons Adula*), traverse le lac Majeur (*L. Verbanus*) et se confond avec le Pô au-dessous de Pavie.

L'Adda (*Addua*) que vous retrouvez à Lodi vient des Alpes rhétiques et traverse le lac de Côme (*L. Larius*).

Le lac *Iséo* (*L. Sevinus*) est traversé par l'Oglio (*Oglius*) et se rend dans le Pô.

Le Mincio (*Mincius*), originaire des Alpes rhétiques, mêle ses eaux à celles du lac de *Garde* (*Benacus lacus*), et contribue, comme nous l'avons fait observer, aux délices de Mantoue.

L'Adige (*Athesis*) que l'on voit à Vérone vient aussi de la Rhétie et se rend directement à la mer.

La *Brenta* (*Medoacus major*) se jette encore dans l'Adriatique, ainsi que la Piave (*Piavis*).

Il en est de même du Tagliamento (*Tajamentus*) qui descend des Alpes carniques.

Je cite enfin l'Arsia, qui servit jadis de limite à l'Italie après que l'Istrie eut été détachée de l'Illyrie

ALFRED.

Je vais à mon tour nommer les cours d'eau situés au midi du Pô, et qui s'y réunissent par sà rive droite.

Le Tanaro (*Tanarus*), qui descend de l'Apennin ;
La Trébie (*Trebia*), qui joint le Pô à Plaisance;
La Secchia (*Secia*), qui descend de l'Apennin.

Enfin le Reno (*Rhenus*) qui arrose Bologne (*Bononia*) et se perd dans le Pô au-dessus de Ferrare (*Forum Allieni*).

J'achève cette nomenclature en rappelant le Magra, le *Macra* des anciens, qui se jette dans le golfe de Gênes, et qui séparait la Ligurie du pays des Etrusques.

JOSEPH.

Nous voilà, je crois, bien fixés sur tout ce qui concerne la description de la Cisalpine; seulement j'aurais désiré que notre guide ne nous eût pas laissé ignorer quelques particularités relatives aux lacs que possède le nord de l'Italie.

LE CICERONE.

Comme nous ne pouvons pas tout embrasser dans ce court exposé, je laissais à votre juste curiosité, à votre amour pour la science, le soin de rechercher vous-même les détails particuliers à ces lacs fameux.

ALFRED.

Nous n'aurons peut-être pas l'occasion de revenir sur ces intéressants objets; dites-nous donc un mot sur ce qui vous paraîtra le plus digne de remarque.

LE CICERONE.

Commençons par le lac Majeur, ainsi désigné, parce qu'il est en effet le plus grand des trois lacs de la Lombardie. On aime à parcourir cette vaste étendue d'eau bordée, tantôt par de hautes montagnes, tantôt par des rives couvertes d'une foule d'habitations qui donnent au paysage un air riant et animé. Quelques couvents remarquables offrent aussi des points de vue délicieux.

Portez vos regards vers le sud-ouest et voyez nager pour ainsi dire à la surface du lac quelques îles dont les charmes attirent tous les voyageurs. Là se trouve l'Isola Bella avec ses grâces et son élégance, ses bosquets et ses berceaux d'orangers, de citronniers, de grenadiers, de jasmins, de rosiers et de myrthes. C'est vraiment une nature enchanteresse; au nord est l'Isola Madre, et près du rivage l'Isola di San-Giovanni et di San-Micheli.

ALFRED.

N'est-ce pas dans le lac Majeur que sont les îles Borromées, et la statue colossale qui représente l'illustre pontife de ce nom?

LE CICERONE.

Ces îles se trouvent à l'ouest au fond d'un golfe formé par le lac Majeur. Elles appartiennent à la famille des Borromées; mais passons à un autre lac. Un rocher qui s'avance dans le lac de Côme le divise en deux bassins dirigés vers le midi. A l'extrémité de l'un s'élève la ville de Côme; on voit sortir l'Adda de la branche opposée. Pline le jeune avait, sur les bords de ce lac, deux maisons de campagne où il pouvait se donner le plaisir de la pêche, car elle y était d'ordinaire fort abondante.

Le lac de Garde a, comme au temps de Virgile, des tempêtes qui mettent les barques en péril. Ses bords sont couverts d'oliviers, d'orangers et de citronniers que les montagnes abritent et préservent des vents dangereux.

Là se terminent mes observations.

Rien ne nous empêche maintenant de passer en Etrurie, la moderne Toscane.

ITALIE PROPREMENT DITE.

LE CICERONE.

Notre tâche, messieurs, devient plus difficile. Nous touchons à la partie de l'Italie la plus riche en monuments et la plus féconde en souvenirs. Il faut avoir parcouru les annales de l'histoire pour comprendre l'embarras que l'on éprouve quand on veut mettre un certain ordre dans ses citations et se borner à celles qui offrent le plus d'intérêt.

Je serai aussi bref, aussi concis qu'il me sera possible. Mais je vous préviens d'avance que la géographie ancienne sera l'objet principal de mes recherches et de mes observations; car, à l'exception de Florence, patrie des Médicis, et de Rome, siége du souverain pontife, tout ce que j'ai à dire sur les autres cités de l'Italie centrale se rattache presque exclusivement à l'histoire des peuples de l'antiquité.

ALFRED.

Faites-nous connaître quelques-unes des douze cités qui composaient l'ancienne Etrurie.

Géographie ancienne.

Etrurie. (*Etruria.*) (*Tusci, Tyrrheni.*) Grand duché de Toscane.

LE CICERONE.

On y trouvait *Luca* (Lucques) dont nous avons déjà parlé; il n'est pas inutile de rappeler que César,

Lucques. (*Luca.*)

pendant la guerre des Gaules, y établit son quartier général et s'y forma une cour magnifique, car on y comptait jusqu'à 200 sénateurs.

Je me souviens aussi que Totila se rendit maître de Lucques, et que Narsès la lui enleva.

Pistoie. (*Pistoria.*) C'est vers Pistoie (*Pistoria*) que Catilina se dirigeait avec ses troupes pour se rendre dans la Gaule, lorsqu'il se trouva bientôt renfermé entre les montagnes et les deux armées consulaires; c'est là que périt ce scélérat et que la république fut sauvée.

JOSEPH.

Florence. (*Florentia.*) La belle Florence (*Florentia*) dont nous contemplerons bientôt la magnificence fut proscrite, je crois, par Sylla, et vendue à l'encan ainsi que son territoire.

LE CICERONE.

Au moyen-âge, nous voyons Florence assiégée par Radagaise, prise par Totila, roi des Goths, et reprise par Narsès.

Fesules. (*Fiesole.*) A trois lieues nord-est de Florence était *Fesules* (*Fiesole*) dont Catilina avait fait sa place d'armes.

C'est dans les montagnes de Fesules que périt Radagaise. Il fut pris et décapité à la vue des Barbares que ce spectacle détermina à une soumission immédiate.

LÉOPOLD.

Sienne. (*Sena Julia.*) Sienne (*Sena Julia*) s'exposa jadis à toute la vengeance du sénat romain, pour avoir insulté un des membres de cet ordre si redouté. Cependant les

Siennois n'eurent à subir qu'une légère réprimande.

Arezzo (*Arretium*), à 12 lieues nord-est de Sienne, devint célèbre par ses ouvrages en terre, par ses vins et par une fontaine qui rendait, dit-on, des oracles. Arezzo. (*Arretium.*)

Que savez-vous de Pérouse (*Perusia*) qui se trouvait au sud-est du lac de Trasimène? Pérouse. (*Perusia.*)

LE CICERONE.

Antoine, frère du triumvir, y était renfermé lorsque Octave vint assiéger cette ville. La disette y fut si horrible qu'on refusa toute nourriture aux esclaves; le sort de ces malheureux n'excita aucune compassion. Octave pardonna à Antoine et accorda une amnistie à la garnison. Mais la ville menacée du pillage devint subitement la proie des flammes.

Je n'ai pas besoin de rappeler à nos érudits de cinquième l'histoire de *Clusium* (Chiusi), résidence royale de Porsenna, roi d'Etrurie, que les Gaulois commandés par un brenn assiégèrent au mépris des Romains. Clusium. (*Chiusi.*)

ALFRED.

Comment se nomme la ville qui a donné le jour à Perse, poète satirique, et qui était située dans une vallée profonde?

LE CICERONE.

C'est *Volaterræ* (Volterra) à 9 lieues ouest de Sienne. L. Cornelius Scipion marchant contre les peuples de l'Etrurie les rencontra sous les murs de Volaterræ Volaterræ. (*Volterra.*)

Vous apercevez sur un promontoire en face de l'île d'*Ilva*, aujourd'hui l'île d'Elbe, l'ancienne *Populonium*, célèbre par ses mines de fer. Elle fut détruite par Sylla, et ses ruines ont formé la ville moderne de Piumbino. Son port était un asile pour les marins.

Piumbino. (*Populonium*.)

JOSEPH.

Telamon. (*Telamone*.)

Telamon (*Telamone*) fut témoin d'un massacre horrible de Gaulois surpris et investis à la fois par trois armées.

Cosa, dont il ne reste que des vestiges, près du lac Orbitello, nous rappelle un trait qui fait honneur à la mémoire de l'empereur Vespasien. Il avait été élevé par Tertulla, son aïeule maternelle, entre *Cosa* et le *Portus Hercolis* qui servait de port à cette ville. Aux jours de fête, il buvait dans une coupe d'argent qui avait appartenu à Tertulla.

Cosa est la patrie de Gavius dont Cicéron déplore la mort dans son éloquent discours contre Verrès.

ALFRED.

Tarquinii. (*La Turchina*.)

Nous voici dans la patrie des Tarquins, dans les lieux ou fut *Tarquinii* (La Turchina); mais je ne pense pas que cette ancienne cité subsiste encore.

LE CICERONE.

Elle fut entièrement détruite et la montagne qu'elle occupait n'offre plus que l'aspect d'une vaste forêt. On a découvert depuis peu, en creusant un canal, des tombeaux des anciens habitants de Tarquinies où de vieilles armures avaient été déposées.

On doit à cette ville l'art de façonner des statues d'argile.

Vulsinii (Bolsena) est la patrie du favori de Tibère, de l'odieux Séjan qui osa faire représenter sur le théâtre les travers et les vices de son maître. Vulsinii. (*Bolsena.*)

JOSEPH.

Que reste-t-il de *Falerie*, ville des Falisques, dont Camille se concilia la bienveillance en protégeant de jeunes enfants ?

LE CICERONE.

Des ruines. Virgile vante beaucoup l'équité de ce peuple.

Nous n'avons plus qu'à citer *Capena* (Civitella), bâtie sur le *Cremera* (la Valea). Cette ville fut témoin de la valeur et du dévouement patriotique de tous les membres de la famille des Fabius, qui périrent tous à l'exception d'un seul en combattant contre les Veïens. C'est sur ce dernier peuple que nous allons fixer notre attention. Capena. (*Civitella.*)

Les Veïens formaient une nation bien puissante; *Veïes* leur capitale était une cité bien riche et bien importante, puisqu'elle faisait l'admiration des étrangers et excitait si vivement la jalousie de Rome. Je me souviens que Veïes prit le parti des Tarquins, et que Camille ne put la réduire, après dix ans de siége, qu'en creusant sous les remparts des chemins souterrains qui conduisirent l'armée jusqu'à la citadelle. Veïes. *Partie du patrimoine de saint Pierre.*

JOSEPH.

Je crois qu'après l'incendie de Rome on délibéra s'il ne serait pas à propos de transporter à Veïes le siége de la république.

Cœré.
(*Cer-Veteri.*)

A 5 lieues ouest de Veïes était *Cœré* capitale où résidait Mezence, prince cruel et impie qui périt, selon Virgile, de la main d'Enée.

Centum Cellæ
(*Civita-Vecchia*)

Tournez vos regards vers la mer et vous découvrirez à 8 lieues de Cœré, le port moderne de Civita-Vecchia, connu jadis sous le nom de *Centum Cellæ*. Ce port est dû à Trajan qui fit élever un môle en avant des deux jetées qu'il avait fait construire, pour arrêter la violence des flots. Le saint Père y abrite aujourd'hui ses vaisseaux.

LÉOPOLD.

Trajan s'y plaisait beaucoup ; Pline le jeune nous apprend que ce prince y vivait sans faste et y procurait à ses courtisans les plus agréables délassements.

LE CICERONE.

A 8 lieues sud-est de Cœré et au nord d'Ostia, un immense bassin creusé par l'empereur Claude vous révèle l'existence d'un autre port, *Portus Augusti*, aujourd'hui Porto. Cette ville était devenue le dépôt de toutes les subsistances de Rome.

Portus Augusti.
(*Porto.*)

JOSEPH.

Faites-nous connaître le nom de deux montagnes particulières que l'on distingue en Etrurie.

LE CICERONE.

On y voit le *mons Argentarius* ou mont Argentaro moderne près duquel est situé Cosa, et le Soracte, aujourd'hui mont Saint-Oreste, sur les confins des Falisques dans le voisinage du Tibre. A un certain jour marqué, le peuple accourait en foule dans ces lieux pour y voir une prétendue merveille. Des prêtres païens y marchaient nu-pieds sur des brasiers ardents sans se brûler et passaient pour des hommes incombustibles comme certains jongleurs de nos jours. Montagnes d'Etrurie.

ALFRED.

Deux lacs fameux, surtout le premier, se rencontrent dans les contrées que nous venons de parcourir.

LE CICERONE.

Le lac de Trasimène que la défaite de Flaminius par Annibal a rendu célèbre, et qui porte aujourd'hui le nom de Lago di Perugia, et le lac de Bolsena, (*Vulciniensis lacus*) qui possède une île appelée San-Giacomo où fut exilée la fille de Théodoric, roi des Ostrogoths, Amalasonte, que Théodat, son cousin, fit inhumainement étrangler dans un bain, quoique cette princesse l'eût placé sur le trône. Lac Trasimène.

JOSEPH.

L'*Arnus*, l'Arno moderne, baigne Florence et se rend à la mer, au-dessous de Pise. Nous voyons encore en Etrurie l'Umbro (*Ombrone*), qui prend sa Fleuves. L'Umbro. (*Ombrone.*)

source au nord-est de Sienne et se jette dans la mer, près de *Rusello* ou Roselle. Enfin, le *Clanis* ancien (la Chiana) qui forme plusieurs étangs ou marais au-delà de Clusium, et qui doit sa naissance à la réunion de plusieurs ruisseaux.

Le Clani. (*La Chiana.*)

LE CICERONE.

Iles.

C'est le passage de ces marais, qui devint si funeste à Annibal, car il y perdit un œil et courut les plus grands dangers. Non loin de la côte, en face du promontoire de Populonium, remarquez l'île d'*Ilva* ou *Othalia*, célèbre par ses mines de fer.

Ilva. (*Ile d'Elbe.*)

ALFRED.

Elle est encore plus célèbre par la première captivité du grand Homme; car cette île, *Othalia*, n'est autre que l'île d'Elbe dont Porto-Ferraïo, autrefois *Argous*, est l'unique port.

LE CICERONE.

Planasia. (*Pianosa.*)

Au sud-ouest d'*Ilva*, vous voyez l'île de *Planasia* (Pianosa), où fut relegué à cause de ses débauches Posthumius, fils de Vipsanius, surnommé Agrippa; le malheureux ne put être sauvé par le dévouement d'un esclave fidèle.

Nous voici sur les frontières de l'Ombrie, et par conséquent à même de visiter les duchés modernes d'Urbin et de Spolette, et l'Abbruzze citérieure.

JOSEPH.

C'est ici, je crois, qu'il faut s'arrêter; nous avons

négligé trop longtemps la description de la superbe Florence ; revenons donc sur nos pas.

LE CICERONE.

Bien volontiers ; mais je dois vous avouer ingénuement que je suis comme effrayé de la tâche que je me suis imposée. Comment, en effet, puis-je me flatter de remplir dignement votre attente en présence de tant de magnificence, de tant de merveilles et de chefs-d'œuvre en tous les genres? Géographie moderne.

N'oubliez pas, messieurs, que nous retrouvons ici le berceau de la renaissance des arts et des lettres en Occident; que nous foulons la terre qui s'honore d'avoir produit le Dante, Pétrarque, Galilée, et que nous retrouvons à chaque pas les traces du génie des Raphaël, des Michel-Ange, des Rubens et des illustres élèves formés à l'école de ces grands maîtres.

A Florence régnèrent les Médicis, et c'est à eux qu'on est redevable de cette ère glorieuse qui fait encore l'orgueil de l'Italie. Florence.

ALFRED.

Je conçois bien, monsieur, que le rapide aperçu qu'exigent de vous les jeunes voyageurs que vous instruisez doit vous causer un grand embarras et que vous devez vous trouver mal à l'aise lorsqu'il s'agit de décrire un pays qui réunit à lui seul tous les genres de beautés. Mais enfin que votre discernement vous aide dans les citations que vous allez faire, et nous nous tiendrons très-satisfaits du choix auquel votre goût aura présidé.

LE CICERONE.

Les savants de la Grèce, vous le savez, messieurs, s'exilèrent de leur patrie lorsque Constantinople fut conquise par les musulmans (XVe siècle). Ils choisirent l'Italie pour le lieu de leur exil et ils y portèrent avec leurs ouvrages le goût des lettres et des beaux-arts. L'architecture, la sculpture et la peinture eurent bientôt des écoles célèbres d'où sortirent des élèves dont les chefs-d'œuvre ont enrichi l'Italie.

JOSEPH.

Que faut-il d'abord visiter à Florence ?

LE CICERONE.

Si vous voulez en connaître la partie la plus belle, il faut visiter le quartier situé entre la place Saint-Marc, la place de Maria-Novella et le palais Pitti; mais il faut s'attacher immédiatement aux édifices religieux, aux belles et majestueuses églises qui distinguent cette cité. Partout vous retrouverez le génie de Michel-Ange, dans la beauté et l'élégance gracieuse qui brille dans les monuments qui furent confiés à ses soins.

LÉOPOLD.

Est-il vrai que les églises de Florence soient encore inachevées.

LE CICERONE.

Il y en a quelques-unes à terminer et ce serait, sans contredit, les plus belles de l'Italie. Mais, visitez l'église de Sainte-Marie del Fiore; vous n'y verrez pas sans enthousiasme le dôme superbe qui la surmonte, ces incrustations élégantes où le marbre brille d'un si bel éclat, et ces sculptures si délicates, si gracieuses qui en font les plus délicieux ornements. Pénétrez dans l'enceinte et voyez le beau dessin qu'offre à l'œil étonné ce pavé de marbre de différentes couleurs. Je ne parle, ni des statues, ni des groupes et des bas-reliefs qui fixent sans cesse votre attention, ni des tableaux que vous remarquerez dans les autres édifices religieux; je craindrais de lasser votre admiration.

JOSEPH.

On m'a parlé avec éloge de la chapelle des Médicis que l'on visite dans l'église Saint-Laurent.

LE CICERONE.

Je n'en suis pas étonné. On voit d'abord à Saint-Laurent deux sacristies admirables dont la nouvelle a été bâtie sur un dessin de Michel-Ange; elle renferme tout ce que ce génie sublime a produit de plus surprenant.

LÉOPOLD.

Et la chapelle des Médicis?

LE CICERONE.

Elle est placée derrière le cœur; quoique innchevée elle n'en est pas moins la merveille de la Toscane. Elle est toute incrustée de jaspe, d'agate, de calcédoine, de lapis-lazuli et d'autres pierres précieuses, et ornée de magnifiques tombeaux surmontés de statues colossales. Si cette chapelle était terminée, aucun autre monument ne pourrait rivaliser avec elle en magnificence.

JOSEPH.

L'église de Sainte-Marie-Nouvelle n'est-elle pas une des plus belles de Florence?

LE CICERONE.

Michel-Ange l'appelait la *Nouvelle-Mariée*, tant elle a d'ornements, de richesses et d'éclat!

Mais il faut se hâter, car tout nous attache et retarde nos excursions. Passons de suite au superbe palais Pitti, résidence du grand-duc, et qui nous offre un coup-d'œil imposant. Faites vous une idée de sa grandeur par les 900 appartements qu'il renferme. Les objets d'art qu'on y a recueillis répondent à la beauté de cette somptueuse demeure.

Joignez au luxe d'architecture qui la décore les délices des jardins Boboli qui accompagnent ce palais et qui sont les plus beaux de Florence; puis jetez les yeux sur cette célèbre galerie avec laquelle il communique, et faites-vous une idée de ce rare séjour.

Les chefs-d'œuvre de sculpture de l'antiquité et ceux de nos écoles modernes, ainsi que les plus beaux tableaux des grands maîtres de l'Italie, sont déposés dans cette incomparable galerie où l'on peut admirer tant d'autres monuments rares et précieux.

ALFRED.

Le séjour de Florence me semble délicieux.

LE CICERONE.

Aussi cette ville attire-t-elle un grand nombre d'étrangers qui ne se lassent pas de vanter d'abord le charme de son heureux climat, la beauté de ses campagnes presque toujours fleuries et la douceur paternelle de son gouvernement. Ils trouvent encore, dans la société de ses habitants, tout ce qui peut contribuer aux plaisirs d'un commerce honorable. L'esprit, la grâce et la politesse règnent dans les conversations; les grands sont affables, le peuple est respectueux et gai; en un mot, le caractère et les mœurs des Florentins offrent l'image parfaite de ce peuple athénien dont l'exquise politesse servait à un autre peuple de modèle.

JOSEPH.

Grâce à votre description, nous nous faisons une juste idée de cette cité merveilleuse, et nous comprenons maintenant le mot spirituel d'un grand écrivain qui disait en parlant de Florence : *Qu'on ne devrait la montrer aux étrangers que les jours de dimanche et de fête.*

LE CICERONE.

Je n'ai point parlé de la pureté du langage toscan. C'est là seulement que vous entendez parler la langue de l'Arioste et du Tasse, que les universités de

Sienne et de Pise s'efforcent de maintenir dans toute sa beauté.

Si Florence méritait une attention particulière, vous concevez qu'il n'en est pas de même des autres cités qui l'avoisinent, et par conséquent nous allons hâter notre course, afin de nous rendre le plutôt possible dans la grande capitale du monde chrétien.

LÉOPOLD.

Pise. Hé bien, dites-nous un mot de Pise, que l'Arno traverse et dont nous avons parcouru les rives charmantes depuis Florence.

LE CICERONE.

Vous jouissez à Pise d'un climat si tempéré que l'hiver même vous procure des journées de printemps. Vous avez de beaux monuments à voir, entre autres la cathédrale dont la majesté imposante vous frappera, et cette fameuse tour de marbre inclinée de treize pieds sur sa base. Il est inutile de vous dire que, sous le rapport de l'architecture, de la peinture et des arts, Pise, comme toutes les villes de cette partie de l'Italie, peut offrir un aliment à votre curiosité.

ALFRED.

Livourne. A cinq lieues au sud vous découvrez le port franc de Livourne, petite ville bien régulière, qui compte 60 mille habitants. Ce qui m'a surpris agréablement à Livourne comme à Florence, c'est le genre de pavé qui est en usage. Ce sont de larges dalles semblables à celles qui couvrent le sol de nos églises,

LE CICERONE.

Vous vous faites une idée de l'activité et du mouvement qui règnent dans Livourne et de la quantité de maisons étrangères dont le commerce a produit l'établissement. Les Juifs et les Grecs l'ont dotée d'une belle portion du commerce que Marseille faisait exclusivement avec le Levant. Non loin du port sont trois lazarets dont le plus beau est celui de Saint-Léopold.

JOSEPH.

Vous voudrez bien ne pas oublier Sienne, au sud de Florence ; sa célébrité ne permet pas cette omission. Sienne.

LE CICERONE.

Vous ne l'apercevez qu'en venant de Rome, à cause des collines charmantes dont elle est entourée ou des beaux arbres qui couvrent ses avenues. Sienne comptait autrefois 100 mille habitans, et n'en a pas plus de 20 mille aujourd'hui. Cette cité dont les églises sont aussi magnifiquement ornées que celles du reste de l'Italie semble bâtie sur le cratère d'un volcan. Elle a éprouvé à diverses époques des tremblements de terre qui ont gravement endommagé ses édifices.

Devant la cathédrale vous remarquerez deux colonnes de porphyre. Le pavé du temple, partie en mosaïque, partie ciselé, fixera votre attention, mais surtout les huit colonnes de vert-antique qui soutiennent sa belle coupole.

Les autres églises renferment d'admirables tableaux. Entrez aux Dominicains; on vous montrera la maison de sainte Catherine dont les vertus ont brillé d'un si grand éclat dans cette même cité.

ALFRED.

Pistoie. Avant de quitter la Toscane, n'oublions pas une jolie petite ville située au pied de l'Apennin et sur les rives de l'Ombrone; c'est Pistoie dont les palais annoncent la magnificence et qui a aussi de belles églises, des rues spacieuses et régulières, une bibliothèque riche en manuscrits et un commerce assez florissant.

LE CICERONE.

Rome. Nous dirigeons enfin notre course vers Rome, objet de tous nos vœux; nous la contemplerons d'abord telle qu'elle est aujourd'hui, avec ce caractère de grandeur que la religion lui imprime, avant de remonter les âges pour consulter les annales de son histoire.

LÉOPOLD.

Peut-être serait-il mieux de faire actuellement des rapprochements historiques, qui ajouteraient à l'intérêt que nous promet votre dissertation.

LE CICERONE.

Je m'efforcerai de répondre à ces vues, pour ménager un nouvel attrait à la curiosité de nos jeunes voyageurs.

ALFRED.

L'ancienne voie Flaminienne nous conduit à Rome

et nous passons le Tibre à Ponte-Molle, autrefois *Pons Milvius*, lieu célèbre par la victoire de Constantin sur Maxence.

LE CICERONE.

Nous ferons notre entrée par la porte du Peuple et nous verrons au milieu d'une grande place triangulaire un superbe obélisque égyptien. Tout annonce, messieurs, l'ancienne magnificence et la grandeur actuelle de Rome : églises, palais, maisons de campagne, collines, places, rues, fontaines, aqueducs, antiquités, ruines même, tout excite l'intérêt du voyageur et le porte à de profondes méditations.

LÉOPOLD.

Je crois qu'il est bien difficile de connaître en quelques jours cette immense cité.

LE CICERONE.

Il faut des années pour parvenir à une connaissance approfondie de tous les monuments et de toutes les beautés qu'elle renferme. Aussi nous bornerons-nous à ce qu'il y a de plus remarquable; vos études, messieurs, et plus tard des guides éclairés, compléteront vos connaissances. Allons d'abord payer le tribut de notre admiration au plus bel édifice du monde, à cette insigne basilique de Saint-Pierre, la plus belle église de Rome, dont la construction a duré plus d'un siècle, et coûté 45 millions d'écus romains.

JOSEPH.

Je suis curieux de connaître les noms des architectes qui ont contribué à la production de cette merveille.

LE CICERONE.

Bramante en a été le premier architecte; mais l'immortel Michel-Ange a fourni la plus grande partie des dessins. C'est lui qui a élevé l'immense coupole qui couronne ce temple et qui a 135 mètres de hauteur en mesurant jusqu'au sommet de la croix. Mais avant de pénétrer dans cette vaste enceinte, arrêtons-nous sur la grande place qui la précède et admirons le portique circulaire qui la décore. La façade, la mosaïque de Giotto, appelée la *nacelle*, les bas-reliefs, enfin les statues qui s'offrent à vos regards, produisent déjà sur vous une impression extraordinaire. Franchissons le seuil du temple et voyez s'il est possible de contenir son enthousiasme à la vue de tant de grandeur, de majesté, de richesse et de magnificence. Ne croirait-on pas prendre dans cette enceinte quelque idée de l'infini? Cependant quel admirable rapport dans les proportions de ce riche édifice, et comme cette harmonie vous permet de saisir tous les détails!

A la vue de cette coupole, ouvrage le plus hardi et le plus étonnant de l'architecture moderne, vous faites-vous une idée de la difficulté que présentait l'exécution d'une telle entreprise? Songez que la croix qui la surmonte est à 159 mètres au-dessus du pavé. La grande pyramide d'Egypte a 13 mètres de moins.

ALFRED

Tout est riche, imposant, solennel; l'immense

baldaquin du maître-autel, soutenu par quatre colonnes spirales de 40 mètres de haut, cette chaire, ces mosaïques, ces sculptures, ces tableaux, ces fresques, ces bronzes et ces stucs dorés, ces mausolées et cette sacristie d'un éclat si éblouissant, voilà de quoi captiver un voyageur pendant des journées entières.

LE CICERONE.

Après Saint-Pierre, il faut visiter Saint-Jean de Latran et Sainte-Marie-Majeure, les deux plus belles basiliques de Rome. Quarante colonnes de marbre grec soutiennent la dernière; le plafond de sa nef fut doré avec le premier or qu'on apporta du Pérou. Hors des murs de Rome est l'église de Saint-Paul. Le premier édifice remontait à Théodose, un incendie l'a détruit entièrement. Je ne cite pas d'autre temple. Il est inutile de vous dire que partout vous retrouvez les chefs-d'œuvre des grands peintres de l'Italie. Partout vous reconnaissez le pinceau de Raphaël, de Michel-Ange, du Guide, du Dominicain et d'autres artistes célèbres.

LÉOPOLD.

Pénétrons maintenant dans le palais du souverain pontife. Un édifice immense se présente, c'est le Vatican.

LE CICERONE.

Ce palais est destiné à conserver les monuments les plus précieux de l'antiquité et les ouvrages des grands hommes des derniers siècles. Il doit ses plus précieuses collections à la sollicitude éclairée de deux pontifes, Clément IV et Pie VI. Dans la bibliothèque composée de 70,000 volumes, se trouve une quantité prodigieuse de manuscrits dont le nombre s'élève à 42,000.

ALFRED.

Quelle richesse pour les amis des lettres et des sciences! N'est-ce pas au Vatican que se trouve la chapelle Sixtine où Michel-Ange a déposé un de ses chefs-d'œuvre?

LE CICERONE.

Vous voulez parler de son *Jugement dernier*, morceau étonnant par sa conception et par le talent que révèle son exécution.

JOSEPH.

Où réside le Saint-Père?

LE CICERONE.

Au superbe palais Quirinal ou *Monte Cavallo*, auquel est réuni un jardin aussi remarquable par sa beauté que par son étendue.

Je ne puis énumérer ici tous les somptueux palais qui sont la propriété de nobles Romains. Je citerai seulement ceux des Barberini, des Borghèse, où l'architecture et les beaux-arts se sont plu, ce semble, à étaler leurs merveilles; le palais Albani dont la situation est la plus délicieuse de Rome; le palais Altieri; celui des Colonnes qui possède une galerie des plus riches et des plus belles; celui d'Aldobrandini avec sa fresque incomparable; le grand palais Farnèse où le génie de Michel-Ange vous apparaît au premier coup-d'œil; enfin le palais Mattei où les statues, les bas-reliefs et les inscriptions antiques sont distribués avec une sorte de profusion.

ALFRED.

Les villa romaines doivent offrir un puissant attrait à la curiosité?

LE CICERONE.

Je vous montrerai sur le mont Pincio et sur les ruines mêmes du jardin de Lucullus, la villa Médicis, dépouillée aujourd'hui de ses plus beaux ornements par le grand duc de Toscane Léopold et par son fils; la villa Mattei, sur le mont Celio; la villa Ludovisi, sur le mont Pincio, près des ruines du jardin de Salluste.

De la villa Madame vos regards planeront sur toute la capitale et distingueront le cours du Tibre, depuis Ponte-Molle. La villa Borghèse possède un palais si admirable, qu'on le regarde comme le plus bel édifice de Rome, après le Capitole. Sa situation est superbe, mais malsaine; la plus grande partie de la ville s'y découvre à vos yeux ainsi que la campagne, jusqu'à Frascati et Tivoli.

LÉOPOLD.

Y a-t-il encore des villa aussi remarquables?

LE CICERONE.

Il faut citer encore la villa Albani, que l'on peut regarder comme le temple du goût et de la magnificence. On ne peut rien comparer à cette maison de plaisance, ni pour la richesse des ornements, ni pour la rareté des objets qu'elle renferme.

Voulez-vous prendre une vue générale de Rome ? montez au Janicule et la villa Lanti vous offrira un point de vue qu'on ne retrouve en aucun autre lieu.

Les restes du palais des Césars se trouvent dans la villa Fanèse. Parcourez ses jardins et vous apercevrez deux des plus anciens monuments de Rome, la temple de la Paix et le Colisée.

ALFRED.

Voulez-vous que nous montions au Capitole ?

LE CICERONE.

Je ne puis, messieurs, vous parler en détail des beautés de tout genre que renferme ce monument où réside aujourd'hui le sénateur de Rome. Je vous invite à les examiner vous-mêmes; n'oubliez pas surtout, avant de quitter ces lieux, de monter à la tour du Capitole d'où vous découvrirez, d'un côté, Rome ancienne, avec ses monticules et ses ruines, et de l'autre, Rome moderne et le Corso, un des beaux quartiers de la ville. La coupole de Saint-Pierre seule offre un aussi beau coup-d'œil.

JOSEPH.

Quel est celui des monuments anciens le mieux conservé ?

LE CICERONE.

C'est le Panthéon qui fut construit sous le règne d'Agrippa. Le culte chrétien a remplacé celui des faux dieux. Le Panthéon est aujourd'hui une église connue sous le nom de Sainte-Marie de la Rotonde. Là se trouvent les tombeaux d'artistes célèbres tels que Raphaël, Carrache, Perrino del Vaga, Flaminin, Vacca et le fameux musicien Correlli.

Allez au Colisée, autre monument de la magnificence des anciens Romains; vous avez là le plus vaste amphithéâtre qui ait jamais existé. 100 mille spectateurs pouvaient assister aux jeux et aux combats de gladiateurs.

LÉOPOLD.

Nous abusons de votre complaisance; mais nous voudrions avoir une juste idée des monuments que renferme cette merveilleuse capitale.

LE CICERONE.

Je vous indiquerai encore la colonne Trajane, haute de 40 mètres; la colonne Antonine qui en a 49; le mausolée d'Adrien, aujourd'hui château Saint-Ange; le pont Eliana, ouvrage d'Adrien; le mausolée d'Auguste; les arcs de triomphe de Sévère, de Titus, de Constantin, de Néron, de Drusus; les ruines de plusieurs temples antiques; celles de l'ancien Forum, aujourd'hui Campo-Vecchio; le pont d'Horatius Coclès ou Ponte-Sublicio, le cirque de Caracalla, la maison de Ciceron, enfin la prison de Jugurtha appelée Carcere Mamertino; où l'on croit que saint Pierre fut renfermé ainsi que l'Apôtre des nations.

JOSEPH.

La France n'a-t-elle pas à Rome un établissement où de jeunes artistes vont se perfectionner dans les arts par la contemplation de tant de chefs-d'œuvre?

LE CICERONE.

Il y a à Rome une maison où le gouvernement français entretient de jeunes pensionnaires qui nous transmettent de temps en temps les fruits précieux de leurs études et de leur travail. Cet établissement, situé à la villa Médicis, est connu sous le nom d'Académie française.

Maintenant, messieurs, je serais d'avis de visiter immédiatement les cités principales comprises dans les états de l'Eglise, et de faire, comme vous le désirez, sous le rapport historique, le rapprochement des temps anciens et des siècles modernes.

LÉOPOLD.

Géographie ancienne et moderne.

C'est moi qui en ai manifesté le désir; cette dissertation nous dispensera de revenir sur les mêmes lieux.

LE CICERONE.

Civita-Vecchia.

Nocera. (*Nuceria.*)

Nous avons déjà parlé de Civita-Vecchia, le *Centum Cellæ* des anciens. Nocera, située au pied des montagnes, n'a de remarquable que ses bains. Pline parle des vases de bois qu'on y fabriquait.

ALFRED.

Avant de nous diriger vers le nord, allons jusqu'à Terracine, qui forme la limite méridionale des états du Saint-Siége et traversons les marais Pontins, où plus de vingt villes ont disparu sous ces étangs infects.

LE CICERONE.

Les Romains avaient fait plusieurs fois des tentatives pour les dessécher. Trajan fit construire une belle chaussée qui les traversait. Mais les travaux entrepris par les Français, et ceux qui l'ont été sous le pontificat de Pie VI, ont eu des résultats plus avantageux. Un large canal longe la route qui se prolonge à vingt-cinq milles à travers les marais, et qui préserve des inondations les terrains nouvellement défrichés et prodigieusement fertiles.

Nous arrivons à Terracine, jadis *Anxur*, ville des Volsques. Jupiter y avait un temple dont on admire encore la façade. Nous retrouvons à Terracine les ruines du château de Théodoric et quelques restes de la voie Appienne, ainsi que ceux d'un port construit par Antonin-le-Pieux. Pie VI y fit construire un palais; on doit encore à sa munificence plusieurs autres monuments. Terracine. (*Anxur*.)

Terracine, dernière ville de l'état papal, n'est pas éloignée de plus de six milles de la frontière du royaume de Naples.

ALFRED.

Je vous demanderai maintenant quelques détails sur

Tivoli. (*Tibur.*) Tivoli, le *Tibur* d'Horace, si vous étiez d'avis de faire quelques excursions dans les environs de Rome?

LE CICERONE.

Je le veux bien, si cela peut vous être agréable; mais je serai bref dans mes citations.

A trois milles de Tivoli situé sur l'Anio ou Teverone, vous contemplerez les ruines imposantes des maisons de campagne d'Adrien et de Mécène. Au nord était celle d'Horace dans un lieu appelé, aujourd'hui, les Vignes de saint Pierre. Vous ne négligerez pas la visite des cascades et surtout des cascatelles, qui offrent les aspects les plus variés. Trajan avait aussi dans ces lieux une maison admirable, dans un lieu appelé Tivoli-Vecchio. Il est bon d'observer en passant que la montagne qui avoisine Tivoli a fourni les pierres qui ont servi à la construction de Saint-Pierre de Rome.

LÉOPOLD.

Où se trouvait la maison de campagne de l'orateur romain?

LE CICERONE.

Frascati. (*Tusculum.*) A *Tusculum*, le moderne Frascati. C'est de là que Ciceron date ses *Questiones tusculanæ*. La situation de cette ville devait être délicieuse puisque les environs étaient couverts de superbes maisons de campagne.

JOSEPH.

A six lieues et au sud-est de Rome, je vois un lieu

fort remarquable qui porte le nom d'Albano, près des ruines d'une antique cité dont le nom va vous rappeler celui d'Ascagne, son fondateur; c'est Albe la Longue, où les descendants d'Enée régnèrent quatre cents ans.

Albano.

Albe la Longue. (*Palazzuola*).

Aujourd'hui, dans son voisinage, vous trouvez un petit bourg des plus riants et des plus jolis, Castel-Gandolfo où les souverains pontifes ont leur maison de plaisance. Le pape Ganganelli s'y plaisait beaucoup. Ce palais domine un lac et un superbe canal creusé par les anciens Romains.

LE CICERONE.

Sans nous éloigner de ces lieux, je vous indiquerai une situation vraiment pittoresque et romantique, celle de Rocca-di-Papa, où se trouve le couvent de Palazzuola.

LÉOPOLD.

Qu'était jadis le bourg que vous nommez Rocca-di-Papa?

LE CICERONE.

C'était l'ancienne *Algidum*, qui nous rappelle ce brave et malheureux Virginius qui s'y trouvait avec les légions romaines lorsqu'il apprit que sa fille Virginie allait devenir la proie de la brutalité du décemvir Appius. Je vous montrerai encore des sites délicieux à Palestrina, l'ancienne *Préneste*, qui possédait un temple célèbre dédié à la Fortune.

Rocca-di-Papa. (*Algidum*.)

Palestrina. (*Præneste*.)

ALFRED.

Sylla assiégea dans Préneste le jeune Marius qui s'y était renfermé, et qui se tua pour ne pas tomber vivant dans les mains du dictateur. Le Prénestin qui l'avait accueilli ne voulut pas du pardon de Sylla et se précipita au milieu de ses concitoyens au moment du massacre général.

LE CICERONE.

Messieurs, il est à propos d'observer que tous les lieux que nous venons de parcourir dans les environs de Rome appartenaient au *Latium*, à l'exception de *Tibur* ou Tivoli qui était compris autrefois dans le pays des Sabins.

LÉOPOLD.

Les historiens ne distinguent-ils pas le vieux et le nouveau Latium ?

LE CICERONE.

Le vieux Latium était le pays occupé exclusivement par les Latins soumis à Enée et à ses descendants. Mais après les victoires des Romains sur plusieurs peuples et surtout sur les Volsques, nation si valeureuse, le Latium s'étendit depuis le Tibre jusqu'au Liris, et c'est ce qu'on appela Nouveau Latium.

ALFRED.

Vous nous avez parlé du pays Sabin, mais sans nous rappeler les villes remarquables de cette contrée.

LE CICERONE.

Les Sabins, qui sont un des plus anciens peuples de l'Italie, méritent une mention particulière. Je citerai donc leurs villes principales : *Cures*, qui donna aux Romains leur second roi Numa Pompilius ; *Réate*, qui paraît avoir été le premier établissement des Sabins ; *Tibur*, déjà nommé ; *Albulæ Aquæ* ou bains de Tivoli, à une lieue de Tibur, où l'on voit une source remarquable par l'abondance et la qualité de ses eaux. *Nomentum*, une des villes dont Anchise fit connaître à son fils les fondateurs ; *Crustumerium*, prise par Romulus qui en fit une colonie romaine.

Cures, *(Correse.)*
Réate. *(Rieti.)*
Bains de Tivoli. *(Albulæ Aquæ.)*
Nomentum. *(Lamentana.)*
Crustumerium. *(Marcigliano-Vecchio.)*

LÉOPOLD.

Nous trouvons encore, dans le pays Sabin, les *Fidenates* contre qui Tullus Hostilius eut une guerre terrible à soutenir, et dans laquelle un général des Albains, Suffetius, se rendit coupable d'une lâche trahison.

LE CICERONE.

On ne retrouve que quelques vestiges de *Fidenæ* sur le Tibre. Je me rappelle que sous Tibère un amphithéâtre, construit à la hâte dans cette cité, fit périr ou blessa gravement, en s'écroulant, 50 mille spectateurs. Enfin au confluent de l'Anio et du Tibre, et à une lieue de Fidenæ, était *Antemnæ*, ville des *Antemnates*, qui se montrèrent plus irrités que tous leurs voisins par suite de l'enlèvement des Sabines.

Fidenæ.
Antemnæ.

JOSEPH.

Le fameux *mont Sacré* où le peuple opéra deux

fois sa retraite était dans le pays Sabin; quel est aujourd'hui son nom ?

LE CICÉRONE.

On le nomme Castel san Silvestri. Pour retourner dans le Latium, je n'ai plus qu'à mentionner trois rivières célèbres; d'abord l'Anio ou Teverone dont nous avons déjà parlé, et sur les bords duquel se distingua contre un Gaulois le jeune Manlius Torquatus; ensuite le *Velinus* ou Velino qui sort de l'Apennin, traverse les lacs de *Réate* et de *Luço*, et produit une cascade appelée *del Marmore*; enfin l'Allia (*Correse* ou *Aio*), qui passe à *Nomentum* et que la défaite de l'armée romaine par les Gaulois a rendu si célèbre. Visitons maintenant le *Latium*.

ALFRED.

Pallanteum. Vous commencerez infailliblement par Pallantée (*Pallanteum*), ville ancienne bâtie sur le mont Palatin que Romulus choisit pour élever les remparts de Rome. C'est Evandre qui fut le fondateur de Pallantée. Laurentum. (*Torre di Paterno.*) L'ancienne capitale du Latium était *Laurentum*, ville royale de Latinus dont on voyait le palais sur le lieu le plus élevé. Ostie. (*Ostia.*) Ostie (*Ostia*) fondée par Ancus Martius était située près de l'embouchure principale du Tibre. A deux lieues de Laurentum était *Lavinium*, fondée par Enée après sa victoire sur Turnus, roi des Rutules. C'est là que ce prince établit les Troyens.

LÉOPOLD.

Où résidait Turnus ?

LE CICERONE.

A Ardée (*Ardea*) sa capitale. La funeste aventure Ardée. (*Ardea.*) de Lucrèce, qui fit chasser les rois de Rome, arriva pendant le siége d'Ardée. C'est à Ardée que Camille subit son exil. *Aricia* bâtie au pied du mont Albain Aricia (*La Riccia*) était connue par le culte qu'on y rendait à Diane. On y voyait le bois et la fontaine de la nymphe Egérie avec laquelle Numa avait des entrevues mystérieuses dont sa politique tirait un parti avantageux. Albe la Lon- Albe la Longue. (*Palazzuolo.*) gue (*Pallazuolo*) a été déjà mentionnée, ainsi qu'*Algidum* (Rocca-di-Papa), *Preneste* et *Tusculum*.

JOSEPH.

Oui, mais vous n'avez point parlé de *Gabies*, ni de Gabies. Collatie. *Collatie*; la première est connue par la trahison du fils de Tarquin, et la seconde par l'attentat de Sextus sur la chaste Lucrèce.

LE CICERONE.

Il ne reste aucun vestige de ces deux cités. Observez en passant le nom de quelques peuples anciens tels que les *Eques*, qui habitaient au sud des Sabins et au nord des *Rutules*, les *Herniques* placés entre les *Eques*, les *Marses* et les *Volsques* et dont le pays était couvert de montagnes. La ville principale des *Herniques* était *Anagnia*, lieu de réunion pour Anagnia. (*Anagni.*) leurs voisins quand ils méditaient une guerre contre Rome.

ALFRED.

Les Volsques qui s'étendaient depuis *Antium* jusqu'à Terracine n'avaient-ils pas quelques villes remarquables ?

LE CICERONE.

Suessa Pometia. On peut nommer *Suessa Pometia*, dont il ne reste point de traces, mais dont les débris ont servi à la
Corioli. construction du Capitole ; *Corioli*, qui a tout à fait dis-
Core. (*Cora.*) paru et où s'illustra Coriolan ; *Cora* (Core), dont Spartacus se rendit maître dans la guerre des gladiateurs ;
Velitræ. (*Velitri.*) *Velitræ* (Veletri), dont une peste enleva les neuf
Antium. (*Anzio.*) dixièmes des habitants ; *Antium* (Anzio), qui fut aussi la capitale des Volsques et qui servit d'asile à Coriolan exilé.

LÉOPOLD.

J'ai ouï dire qu'on a trouvé, il y a environ 200 ans, l'Apollon du Belvédère dans les ruines d'Antium.

LE CICERONE.

Privernum. (*Piperno Vecchio.*) *Privernum* (Piperno-Vecchio) dont le consul Plantius renversa les murs, était la résidence de Metabus roi de cette contrée, selon Virgile. Ce prince fut banni par ses sujets révoltés.

Nous n'avons plus rien à dire de Terracine (*Anxur*),
Gaëte. (*Caieta.*) ni des marais Pontins ; passons à Gaëte (*Caïeta*), à sept lieues sud-est de Terracine. Près de cette ville maritime était une maison de plaisance de Ciceron, qui fut tué dans le voisinage par les émissaires d'Antoine.

JOSEPH.

Minturne. *Minturne* n'était pas loin de Gaëte ?

LE CICERONE.

On en voit les ruines près de *Trajetto*, au-dessus de l'embouchure du Liris. C'est dans les marais qui avoisinaient cette ville que Marius proscrit par Sylla chercha à se dérober à la poursuite de ses ennemis. On parvint à le découvrir, et il fut précipité dans un cachot où personne n'osa attenter à sa vie, pas même un Cimbre que l'on chargea d'exécuter la sentence de mort.

ALFRED.

Voici la patrie de cet ambitieux qui est aussi celle de l'illustre Ciceron; c'est *Arpinum*. Arpinum. (*Arpi.*)

Je vous prierai maintenant de nous indiquer un petit lac appelé *Curtius* où un Romain du même nom se précipita par dévouement pour sa patrie.

LE CICERONE.

Ce n'est plus qu'une petite fontaine au milieu du Campo-Vaccino de Rome.

JOSEPH.

Et le lac *Regillus*, auprès duquel fut fixée la destinée des Tarquins, où se trouve-t-il?

LE CICERONE.

Près de Tusculum.

JOSEPH.

Le Tibre n'a-t-il pas plusieurs noms?

LE CICERONE.

On l'appelait autrefois *Albula*; il prit ensuite le nom de *Tiberinus* à cause de la fin tragique d'un roi qui périt dans ce fleuve. Les Italiens appellent aujourd'hui le Tibre *Tevere*.

ALFRED.

D'où sort le *Liris* ou Garigliano ?

LE CICERONE.

Il sort des montagnes qui séparaient le pays des Marses du Latium, et se jette dans la mer de Toscane après avoir passé à travers le marais de *Minturne*.

ALFRED.

Hâtez-vous d'achever la revue des cités comprises dans les états de l'Eglise, afin de pénétrer plutôt dans ces riantes contrées où la belle *Parthenope* des anciens nous fait pressentir de nouvelles jouissances.

LE CICERONE.

Spolète. (*Spoletum*.) Spolète se présente, et je me souviens qu'elle fut la capitale d'un duché établi par Alboin, roi des Lombards, après la conquête de la Toscane et de l'Ombrie.

Vous pouvez voir encore les ruines d'un temple de Jupiter au couvent de Saint-André, celles d'un temple de Mars à l'église de Saint-Julien, et un palais construit par Théodoric, détruit par les Goths et rétabli enfin par Narsès. Un fort placé sur la montagne protége cette ville.

JOSEPH.

Quel est cet arc de triomphe qui figure à l'une des portes ?

LE CICERONE.

On le nomme la porte d'Annibal. Ce monument rappelle sans doute les tentatives inutiles de ce guerrier pour s'emparer de Spolète.

Je retourne à Pérouse, dont nous avons déjà parlé pour vous rappeler que ses églises et ses couvents sont enrichis de tableaux faits par les plus grands maîtres, mais surtout par Pérugin et Raphaël, son élève. Pérouse.

LÉOPOLD.

Mais n'est-ce point à Pérouse que se trouve une église des plus singulières par sa construction ?

LE CICERONE.

Vous voulez parler de l'église *del Jesu*, construite par Vignola. Elle est réellement propre à piquer la curiosité, car elle offre quatre églises en étages, les unes sur les autres ; observez que trois de ces bâtiments superposés sont souterrains.

Quittons la campagne fertile et riante de Pérouse, et conservons le souvenir de cette vallée, une des plus belles de l'Italie. Dirigeons-nous vers Lorette, objet d'un pèlerinage célèbre où nous verrons la Santa-Casa ou maison de la sainte Vierge, qui d'après une pieuse et vénérable tradition fut miraculeusement transportée par les anges de Nazareth en Italie. Celui qui donne à ses enfants, pour prix de leur foi, le pouvoir de transporter même les montagnes, a pu, messieurs, arracher à la profanation des musulmans la demeure qu'il a sanctifiée par sa présence, et charger les messagers célestes de ce merveilleux déplacement. Cette sainte chapelle est placée au milieu de l'église de la Santa-Casa ; elle est toute incrustée de marbre de Carrare.

JOSEPH.

Ancône. Nous voici dans la marche d'Ancône et dans l'ancienne capitale de la province qui porte ce nom. La rade est belle et commode, et ce port au fond duquel s'élève un môle superbe me paraît très-fréquenté ; il doit avoir ses franchises commerciales.

LE CICERONE.

Ancône est située sur le penchant d'une colline et s'étend jusqu'à la mer. Vous voyez, à l'entrée du môle dont vous venez de parler, un arc-de-triomphe élevé en l'honneur de Trajan. Benoît XIV y a aussi le sien.

LÉOPOLD.

Vue de la mer, Ancône offre un aspect qui intéresse ; mais l'intérieur est désagréable. Elle doit à Pie VI la plus belle de ses rues qui avoisine la mer.

LE CICERONE.

Ancône dont le nom vient du mot *Ancon*, ou du coude que forme la côte vers le promontoire de *Cu-*

merium, fut fondée par les Syracusains qui fuyaient la tyrannie de Denys. Elle fut prise par César après le passage du Rubicon. Ce général s'en rendit maître ainsi que de tout le *Picenum*.

Il s'empara de même d'*Ariminium*, aujourd'hui Rimini, et causa par ce nouveau succès une consternation affreuse dans Rome. Le préteur Roscius porta au triumvir des paroles de paix de la part du sénat; mais les négociations ne purent avoir des résultats favorables. Rimini. (*Ariminium*)

JOSEPH.

On voit encore, dit-on, un piédestal de marbre qui faisait partie de la tribune sur laquelle César harangua ses soldats avant de marcher sur Rome.

LE CICERONE.

Un souvenir plus précieux se rattache à Rimini. C'est là que 400 évêques se rassemblèrent pour y confirmer la foi de Nicée, et condamner de nouveau les erreurs d'Arius.

ALFRED.

Cette ville offre-t-elle un bon port au commerce?

LE CICERONE.

L'ancien port n'existe plus; la mer s'étant retirée, on ne voit plus à l'embouchure de la Marecchia que quelques bateaux de pêcheurs. On entre à Rimini par un pont superbe et bien orné; c'est là qu'aboutissaient les deux routes consulaires: la Flaminienne et l'Emilienne. En sortant par la porte romaine, vous passerez sous un bel arc-de-triomphe élevé en l'honneur d'Auguste.

LÉOPOLD.

Ravenne. (Ravenna.) Sur les bords du Ronco et du Montone réunis, s'élève une ville très-remarquable qui fut la résidence de Théodoric, le siége d'un exarchat au moyen-âge, et qui passa plus tard sous la domination des Vénitiens et des Lombards.

LE CICERONE.

C'est Ravenne, ville remplie de monuments précieux. Il faut voir ses mosaïques, ses marbres orientaux, ses sarcophages, sa magnifique cathédrale et ses peintures à fresque dont le Guide a su l'embellir. Ne négligez pas la visite de l'église Saint-Jean-Baptiste, et vous serez frappé de la beauté de 24 colonnes faites avec des morceaux de porphyre et de vert antique. Dans une des rues de Ravenne est le tombeau du Dante, tout récemment décoré par un prince de l'église.

ALFRED.

Pourquoi porte-t-elle le nom de Romagne (*Romania*)?

LE CICERONE.

Parce que sous le règne d'Honorius, pendant que les Barbares occupaient Rome, Ravenne devint la résidence des empereurs d'Occident. Augustule, vous le savez, fut pris dans cette ville par Odoacre, roi des Hérules, qui se fit proclamer roi d'Italie. Ce Barbare y établit sa résidence et y soutint un siége de trois ans après lequel il succomba sous les coups de Théodoric. Le patrice Longin qui succéda à Narsès établit à Ravenne sa résidence et prit le premier le titre d'exarque. L'exarchat dura 184 ans et finit à la prise de cette ville par Astolphe, roi des Lombards.

JOSEPH.

Il ne nous reste plus à visiter que Bologne et Ferrare. Encore quelques détails sur ces deux villes et nous nous dirigerons vers le royaume de Naples.

ALFRED.

J'ai retenu sur la première de ces deux cités une anecdote curieuse ; la voici : Le temple de la déesse Anaïtis en Arménie avait été pillé. Auguste, passant à Bologne, alla souper chez un vieux soldat qui avait eu part au pillage. L'empereur lui demanda s'il était vrai que les profanateurs eussent été visiblement punis de leur sacrilége : « César, répondit-il, c'est la jambe de la déesse qui vous donne à souper, et tout ce que je possède n'a pas d'autre origine. »

LÉOPOLD.

Bologne fut pillée sous Théodose, et ses habitants passés au fil de l'épée en punition de leur révolte ; ce fut le même empereur qui la restaura. Qu'est-elle aujourd'hui ?

LE CICERONE.

Une grande cité, riche et bien peuplée. Le Reno en

baigne les murs. Vous voyez partout des portiques joints aux édifices ; ces ornements décorent la cité, mais lui donnent un aspect un peu triste. Le palais Caprare est un monument digne de votre attention. Le sculpteur Jean de Bologne a contribué à l'embellissement des plus beaux édifices.

LOUIS.

Carrache a doté la cathédrale de Saint-Pierre de son dernier travail ; c'est dans le chœur que vous verrez sa fresque admirable. Il y a à Bologne comme à Pise une tour remarquable par sa hauteur et par son inclinaison qui n'a pas moins de trois mètres environ.

LÉOPOLD.

Les sciences et les arts ont-ils toujours été en honneur à Bologne ?

LE CICERONE.

Ils y ont été constamment cultivés avec succès. Vous y trouverez encore une université, un institut et une académie très-renommés. Sa bibliothèque compte 140 mille volumes. Passons à Ferrare, située
Ferrare. (*Forum Alieni.*) sur un ancien bras du Pô et dans une plaine très-basse.

JOSEPH.

C'est une ville fortifiée.

LE CICERONE.

Ses fortifications sont même considérables. Ferrare

a l'air noble et majestueux ; mais cette ville est, depuis l'extinction de la maison d'Este, dans un état de langueur et de décadence, et cette période de décroissance date de la fin du XVIe siècle.

ALFRED.

On dit cependant que le commerce et les arts refleurissent un peu, grâce aux soins et à la sollicitude du gouvernement pontifical. Le palais gothique des ducs de Ferrare est digne de remarque, ainsi que l'hospice Sainte-Anne où l'on vous montrera la demeure de l'Arioste et sa cellule consacrée.

LE CICERONE.

Il y a aussi un hôpital où le duc Alphonse fit enfermer le Tasse sous prétexte de folie. Ferrare, environnée de marais, aurait besoin d'un air plus sain et d'une population plus nombreuse.

JOSEPH.

Nous ne devons pas oublier la république de Saint-Marin. Ce petit état ne se compose que d'une montagne et de quelques collines environnantes ; la ville compte 5 mille habitants.

LE CICERONE.

C'est un séjour peu attrayant si la neige y séjourne pendant six mois de l'année. Nous allons quitter définitivement les états de l'Eglise ; mais j'aurais trop de regret si je ne vous disais pas un mot des impressions profondes qu'a faites sur moi le spectacle imposant des cérémonies religieuses dans la capitale du monde chrétien.

Rome et Jérusalem, messieurs, sont les villes monumentales de la religion. Il est impossible de les visiter sans chercher à se rendre compte de ses croyances. Mais c'est surtout aux jours de la semaine sainte que vous serez heureux de vous trouver dans la première de ces capitales. A la vue du souverain pontife donnant du haut de la basilique de Saint-Pierre sa bénédiction solennelle à la ville et à l'univers (*urbi et orbi*), le jeudi saint et le jour de Pâques, vous sentirez augmenter votre foi et vous aurez peine à concevoir qu'il y ait des hommes qui ne viennent à Rome que pour contenter une vaine curiosité ou pour y étudier uniquement les arts.

ALFRED.

Je conçois qu'après avoir vu les monuments antiques de Rome, ses ruines, ses musées et ses églises, il reste encore quelque chose à étudier.

LE CICERONE.

Ce qui vous frappera le plus, messieurs, dans la ville éternelle, ce sont les innombrables établissements destinés au soulagement de toutes les misères humaines; et je suis bien aise de constater ici, à la louange des dignes successeurs de saint Pierre, que le premier hôpital qui ait existé en Europe a été fondé à Rome par le pape Symmaque, au commencement du sixième siècle.

JOSEPH.

Il est utile d'observer encore que le premier hospice ouvert aux pauvres enfants abandonnés a été fondé par Innocent III, en 1198, quatre siècles avant l'œuvre admirable de saint Vincent de Paule. Nous pouvons, je crois, prendre maintenant notre essor vers Naples.

LÉOPOLD.

Messieurs, je m'aperçois d'une omission bien grave dans l'énumération des beautés que Rome est fière d'offrir à la curiosité comme à l'admiration des voyageurs. Vous quittez la capitale du monde chrétien sans saluer cette Rome souterraine ensevelie dans les catacombes ! Si je retarde vos dernières excursions, vous me le pardonnerez, j'en suis sûr, en faveur des belles et poétiques réflexions que j'ai à vous soumettre ; elles sont d'un savant illustre qui a écrit l'histoire de Rome chrétienne dans l'enceinte même de Rome, et qui s'est merveilleusement inspiré à la vue des monuments sacrés de son antique gloire. Le peu de paroles que je vais citer textuellement vont faire naître en vous le désir de connaître à fond le remarquable ouvrage auquel je les emprunte (1).

Les Catacombes.

« On a souvent essayé, dit-il, de décrire les Catacombes ; elles ont inspiré de belles pages au génie et à

(1) *Esquisse de Rome chrétienne*, par l'abbé Ph. Gerbet.

la piété, laquelle a un secret qui n'est qu'à elle pour parler de ces choses qu'il vaut encore mieux sentir que peindre. Ceux qui n'en auront encore aucune idée peuvent se représenter vaguement des labyrinthes souterrains, presque indescriptibles, dans lesquels cent chemins droits, obliques, brisés, sinueux, serpentent, se coupent ou s'entrelacent à l'infini : les uns impénétrables aujourd'hui, parce qu'à l'extrémité qui aboutit au sentier que vous parcourez, ils sont fermés par des murs ou par des monceaux de terre, les autres vous ouvrant à droite et à gauche des profondeurs inconnues où les pas des visiteurs n'osent point se hasarder. Tout cela plein de tombeaux, de la poussière des vieux siècles, de recoins étranges, d'histoires tragiques ; de sorte que ces lieux, avec les mille plis et replis de leurs sentiers et de leurs mystères, conviennent très-bien pour être des palais de la mort, qui est si pleine elle-même de surprises, de secrets terribles, et qui suit souvent, pour frapper ses coups, des routes aussi tortueuses. De chaque côté de ces corridors, on a pratiqué dans le mur, pour y déposer les cadavres, des espèces de niches oblongues placées horizontalement ; elles sont superposées les unes aux autres, de manière à former deux ou trois rangs de sépulcres, parfois six ou sept et même jusqu'à douze dans les endroits où l'on travaille dans le tuf ; on dirait les rayons d'une bibliothèque où la mort rangeait ses œuvres. . . . .

» Ces galeries mortuaires sont en général étroites, l'air y est épais et lourd, et le terrain presque partout exempt d'humidité. De temps en temps, l'espace s'élargit, et vous respirez plus à l'aise, en arrivant à des chambres sépulcrales, à des chapelles qui conservent encore des peintures antiques et quelquefois un baptistère. Dans plusieurs de ces cimetières, il y avait de distance en distance des soupiraux carrés qui faisaient pénétrer un peu de lumière dans quelques chambres de la Rome souterraine.

De ces demeures funèbres, la plus riche en souvenirs est celle qui se trouve près de la basilique de Saint-Sébastien ; mais elle n'a plus guère que des tombeaux vides, dans la partie que l'on fait parcourir aux visiteurs. Comme elle est ouverte depuis longtemps à tout le monde, et qu'un immense public moderne a passé par là, elle semble avoir perdu, par ce frottement continuel, quelque chose de son lustre d'antiquité; elle n'offre pas, sous ce rapport, autant de charmes que d'autres souterrains moins fréquentés. Vous retrouvez dans ceux-ci un certain nombre de tombeaux fermés et pleins ; dans des niches ouvertes, de vieux ossements se laissent toucher; çà et là quelques fragments antiques de verre ou de marbre. Ces catacombes sont plus fraîches de vétusté, et font mieux sentir les temps primitifs. On ne les visite ordinairement que lorsque une société nombreuse est réunie. Ces caravanes funèbres sont souvent composées de personnes appartenant à diverses nations, qui s'entrevoient un instant dans un cimetière, à la lueur d'une torche, pour ne plus se revoir sous le soleil. Malheureusement tous n'y apportent pas ces dispositions religieuses, ou du moins ce sentiment des convenances que de pareils lieux devraient inspirer. Le recueillement avec lequel on aimerait goûter toutes leurs impressions est maintes fois troublé par les bavardages les plus déplacés, par une gaîté insolente pour les vivants et pour les morts. Malgré cela, une visite aux Catacombes fait un effet solennel et profond. On ne peut rencontrer nulle part une aussi vive apparition des premiers âges du christianisme. La source d'eau de l'antique baptistère, préservée de tout usage profane, coule toujours pure comme la grâce dont elle est l'emblême. Cette longue file de flambeaux portés par les visiteurs qui, dans ces étroites galeries, marchent à la suite l'un de l'autre, figure assez bien les processions qu'y faisaient les premiers chrétiens, lorsqu'ils rapportaient le corps d'un martyr ou qu'ils y célébraient quelque autre fête, et les quinze siècles de silence qui planent sous ces voûtes permettent presque d'entendre encore les pas des générations héroïques. Durant ces siècles immobiles, nul bruit du monde, excepté à l'époque des incursions de quelques hordes lombardes, n'a eu d'écho dans ces lieux; nulle poussière nouvelle n'y a recouvert les chemins, nulle révolution politique n'est venue y laisser quelque trace des agitations des hommes qui mesurent pour nous la durée. Le temps y est comme un désert; les époques lointaines s'y rapprochent de vous, comme les distances se raccourcissent par l'absence d'objets intermédiaires dans la solitude de l'Océan. »

Tel est, Messieurs, le morceau que j'ai cru devoir rapporter pour vous donner une idée de cette ville souterraine que le temps ne nous permet pas de visiter.

Vous voyez comme il est empreint d'une douce et consolante philosophie.

ALFRED.

J'éprouve maintenant un regret sincère de n'avoir pas eu l'idée de pénétrer dans ces Catacombes vénérables, et surtout de n'avoir pas sous la main le remarquable ouvrage où tant d'intéressants objets se trouvent si éloquemment exposés. J'espère bien un jour me dédommager de ces privations momentanées.

ROYAUME DE NAPLES.

LE CICERONE.

Pour pénétrer maintenant dans le royaume de Naples, nous pouvons choisir l'une des deux routes qui se présentent : la plus fréquentée est celle qui traverse les marais Pontins et qui passe par Terracine ; l'autre passe à San-Germano, petite ville bâtie au pied du mont Cassin. Celle-ci est plus montueuse, plus mauvaise et surtout plus solitaire; on la dit même plus dangereuse. Cependant tout cela ne justifie pas l'abandon dans lequel elle est laissée par la plupart des voyageurs. Le mont Cassin mérite bien qu'on s'y arrête quelques instants, car c'est là que saint Benoît jeta les fondements d'un ordre illustre, l'an 523, sous le pontificat de Félix III. Saint Benoît fut le père des moines d'Occident ; ceux de l'Orient reconnaissent saint Basile pour leur fondateur.

La bibliothèque du couvent est riche en manuscrits anciens, rares et précieux ; on les montre aux étrangers avec une obligeance parfaite.

ALFRED.

Nous vous seconderons, monsieur, si vous voulez le permettre, dans la tâche pénible qu'il vous reste à remplir ; nous invoquerons nos souvenirs classiques dans toutes les cités que nous allons parcourir.

LE CICERONE.

La Campanie qui est la partie principale de la terre de Labour était, au rapport de Ciceron, la contrée de l'Italie la plus belle et la plus favorisée; il ajoute même la plus délicieuse de l'univers.

Nous y trouvons d'abord *Sinuessa* à 4 lieues sud de Minturne. Entre cette ville et le Vulturne était le territoire de Falerne. Sinuessa. (Torre-di-Monte Dragone.)

ALFRED.

Ses vins étaient très-estimés, mais Pline prétend qu'il fallait les attendre quinze ans. Le mont Massique dont Horace vante aussi l'excellent vin s'étendait jusqu'à Sinuessa.

LE CICERONE.

Sur le Vulturne et à cinq lieues de Sinuessa, vers l'est, était *Casilinum* qui a tout-à-fait disparu. Casilinum.

JOSEPH.

Je crois voir encore Annibal surpris par Fabius dans ce défilé étroit d'où il ne sortit que par un singulier stratagème.

LE CICERONE.

Vous vous souvenez des suites funestes de son séjour à Capoue où ses soldats s'amollirent dans les délices. Cette cité est aujourd'hui à une lieue nord-ouest de l'ancienne et sur le Vulturne. C'est là que le fameux Spartacus forma avec ses compagnons d'esclavage le terrible complot qui mit Rome en dan- Capoue.

ger. La guerre des esclaves couvrit la Campanie de ruines et de sang ; elle dura trois ans.

La ville moderne est entourée de fortifications. Sa cathédrale possède des colonnes de granit tirées d'anciens édifices ; le sculpteur Bernin y a laissé des preuves de son beau talent.

On montre sur l'emplacement de l'ancienne Capoue les ruines d'un amphithéâtre, d'une galerie souterraine et d'un arc-de-triomphe dont une voûte entière est bien conservée.

JOSEPH.

Liternum. (Patria.) A sept lieues de Capoue et sur la mer, j'aperçois *Literne*, où le grand Africain termina sa vie. Sa femme, la fille de Paul Emile, lui érigea un mausolée dans ce même lieu.

ALFRED.

On m'a parlé d'un voyage que font volontiers les
Caserte. étrangers à Caserte en partant de Capoue : qu'y a-t-il de curieux ?

LE CICERONE.

Caserte est le Versailles de Naples. C'est un château royal dont vous ne soupçonnez pas la beauté et la magnificence. Charles III le fit bâtir en 1752, et il eut à vaincre les mêmes difficultés que Louis XIV. Le célèbre architecte Vanvitelli lui procura les eaux de neuf sources qu'il fit arriver à Caserte par le superbe aqueduc de Maddalone, qui a neuf lieues de longueur ou vingt-sept milles d'Italie. Ce palais, où le roi Murat a passé de si délicieuses journées avec sa cour, est par son style et sa grandeur le plus beau de l'Italie et peut-être du monde entier.

LÉOPOLD.

Enfin nous arrivons à Naples dont le séjour a tant de charmes pour les étrangers et que les habitants appellent la *Noble*, la *Gentille*. Naples. (*Parthenope Neapolis.*)

LE CICERONE.

Elle passe pour la troisième ville d'Europe; on y compte 350 mille habitants. Tout intéresse à Naples : son climat tempéré, sa situation heureuse, la fertilité de ses campagnes qui produisent deux fois l'année, la beauté de ses environs, la gaîté du peuple, la magnificence des grands. Convenez qu'il y a là de quoi attirer et fixer les étrangers?

Remarquez le beau quartier de Sainte-Lucie où résident la noblesse et les ambassadeurs; dirigez ensuite vos pas vers le port et admirez le superbe point de vue que vous offre une rade qui a cent milles de circuit. N'oubliez pas de parcourir la belle rue de Tolède où se trouvent les plus beaux édifices. Ce n'est pas toutefois par le style de l'architecture que les monuments se distinguent; sur deux cents églises, vous n'en trouverez pas une seule qui ait un portique ou une façade remarquable. Tout a été sacrifié aux ornements intérieurs.

ALFRED.

On m'a parlé d'un pont très-hardi sur lequel se prolonge la rue qui conduit à Capo-di-Monte ou au sommet de la ville.

LE CICERONE.

Ce pont est un ouvrage vraiment étonnant.

JOSEPH.

La ville est-elle fortifiée ?

LE CICERONE.

Ses fortifications sont assez faibles, mais Naples n'a rien à craindre du côté de la mer. Le fort Saint-Elme qui domine toute la ville est plutôt destiné à contenir les habitants qu'à repousser une agression étrangère. On cite le théâtre Saint-Charles comme l'un des plus beaux de l'Europe; mais la grandeur de la salle et le bruit ordinaire qu'y produisent les spectateurs ne permettent guère d'y rien entendre, si ce n'est de loin en loin quelque morceau de musique qui fixe l'attention générale.

Je n'ai pas besoin d'observer que la peinture et les arts étalent à Naples comme dans les belles villes de l'Italie tout leur luxe et toute leur magnificence.

ALFRED.

Que nous dites-vous des palais ?

LE CICERONE.

Qu'on n'y remarque pas plus de goût que dans les autres édifices. Je dois ajouter cependant que le palais royal est d'une architecture noble et majestueuse. Parmi les palais des particuliers, vous distinguerez aisément ceux du duc Maddaloni, des Orsini, de

Franca-Villa ; les palais de la Tour, de la Rocca, du prince Sainte-Agathe et celui du prince Santo-Buono.

JOSEPH.

Est-il vrai que Naples compte dans son sein 40 mille individus n'ayant, pour la plupart, aucune demeure fixe, vivant dans l'oisiveté et ne travaillant uniquement que pour soutenir leur chétive existence?

LE CICERONE.

C'est vraiment là la vie des lazzaroni ; mais leur nombre n'est plus aussi considérable depuis l'entrée des Français à Naples. Ces hommes singuliers, à qui un peu de macaroni et de l'eau fraîche suffisent pour vivre, se complaisent dans leur vie molle et oisive ; vous en voyez un grand nombre s'abriter sous un portique et y passer la nuit.

LÉOPOLD.

Et cet ordre de choses n'inquiète pas le gouvernement?

LE CICERONE.

Il compte sur le caractère paisible de la nation italienne et sur la sobriété presque générale du peuple napolitain. Mais voulez-vous voir un contraste saisissant? passez sur le quai de Chiaza ou au Platamone la plus belle promenade de l'univers, et voyez le luxe et la pompe de tous ces brillants équipages. C'est là que vous prendrez une juste idée du faste et de la magnificence de la noblesse napolitaine. C'est là d'ailleurs qu'on peut jouir du plus beau des spectacles. Sous un ciel étincelant et pur, le golfe de Naples étale tous ses charmes. Ses rivages, embellis d'arbustes toujours fleuris, exhalent de suaves parfums et semblent avoir fixé le printemps sur leurs bords.

ALFRED.

Où faut-il se placer pour avoir une belle vue de Naples ?

LE CICERONE.

Je pourrais vous indiquer plusieurs points de vue ; mais le plus ravissant est celui que se procurent les étrangers sur la mer même dans une barque, et à quelque distance du port. Vous verrez alors se lever le soleil derrière le Vésuve et dorer de ses rayons le côteau riant de Pausilippe; la ville se déploie sous vos yeux comme un vaste amphithéâtre, avec ses édifices bizarrement décorés, ses toits en terrasse et ses pavés de lave. Autour de vous, une eau tranquille où se réflète l'azur des cieux et une multitude de frêles esquifs qui rasent, comme en se jouant, la surface de ce riant bassin. Derrière vous, l'île de Caprée termine à l'horizon cette délicieuse perspective.

LÉOPOLD.

On est tenté de croire les Napolitains sur parole quand ils vous disent que la campagne de Naples est *un morceau du paradis dont Dieu les a gratifiés.*

LE CICERONE.

Maintenant, pour bien visiter les environs de Naples et pour bien apprécier les mille curiosités qu'ils présentent, je devrais m'adresser à des antiquaires, à des naturalistes et à des savants. Mais, comme nous sommes tous amateurs des sciences et fort curieux des beautés de la nature, les excursions que nous allons faire auront encore assez d'intérêt.

Allons, de ce pas, à Pouzzoles, où nous pourrions nous rendre par eau ; mais nous négligerions une des plus belles curiosités locales, la fameuse grotte de Pausilippe, qui nous offre une route souterraine de 600 mètres environ de longueur. A une certaine époque de l'année, le soleil en éclaire toute la profondeur. Pouzzoles. (*Puzzoli.*) (*Puteoli.*)

JOSEPH.

Nous verrons en chemin le tombeau de Virgile, monument remarquable que l'on a dit souvent être ombragé d'un laurier.

LE CICERONE.

Avant d'arriver à Pouzzoles, je ferai remarquer sur les bords du lac d'Agnano une petite caverne appelée la grotte du Chien, d'où s'exhale une vapeur qui, dans trois minutes, peut suffoquer un être vivant. Portez vos regards sur cette montagne, et observez le monastère des Camaldules où vous avez le point de vue le plus magnifique.

Nous sommes à Pouzzoles, ville de 6 mille habitants. Vous ne vous doutez pas que la cathédrale était jadis un temple consacré à Auguste ?

JOSEPH.

Quel est cette triste campagne que nous venons de quitter en entrant à Pouzzoles ?

LE CICERONE.

Ce sont les champs Phlégréens ou *brûlés*. Vous devinez aisément le voisinage d'un terrain volcanique. Je vais vous montrer une partie du temple de Sérapis dont le reste est encore enseveli sous terre. On en a retiré seize colonnes de marbre d'Afrique, qui ont été apportées à Caserte. Sur la place de Pouzzoles, on voit encore le piédestal d'une statue de Tibère. Venez contempler le pont de Caligula qui forme aujourd'hui le môle du port de Pouzzoles. C'est vraiment un ouvrage merveilleux quoiqu'il présente de nombreuses ruines.

JOSEPH.

Quelle est, dans le voisinage de Pouzzoles, la montagne qui s'est formée, dit-on, en quarante-huit heures ?

LE CICÉRONE.

C'est le Monte-Nuovo, qui a 3000 pas environ de circonférence, et qui, sortant de terre, s'élève à la hauteur de 400 brasses. L'éruption subite qui produisit au 16e siècle un tel phénomène réduisit le lac Lucrino à la dimension d'un petit étang.

JOSEPH.

(Baïes.) (*Baiæ.*) Que sont devenus ces bains fameux où Néron se plaisait si fort, ces thermes si renommés dans l'antiquité et que l'on voyait à Baïes?

LE CICERONE.

Toutes ces contrées sont dévastées et solitaires. Vous apercevez à peine, au milieu des ruines qui les couvrent, les traces de leur ancienne splendeur; et cependant c'était le séjour le plus recherché des riches et des voluptueux Romains. Cependant, non loin du lac Averne, qui communiquait par un canal avec le lac Lucrin, on visite encore les bains de Néron, mais on n'entre qu'avec précaution dans les galeries et les salles qui ont triomphé du ravage du temps et des envahissements de la mer. Vous y verrez le prétendu tombeau d'Agrippine.

Dans ces tristes parages, et à certaines distances, on vous indiquera encore les restes du théâtre de Lucullus à Misène; le temple des Nymphes, les champs Elysées, le lac de Fasara ou l'ancien Achéron, la grotte de la Sibylle de Cumes, la maison de Sylla, enfin le tombeau de Scipion l'Africain, nommé *Torre-di-Patria*.

Misène. (*Misenum.*)

ALFRED.

Vous avez réservé pour nos dernières excursions la description de cette montagne brûlante qui semble avoir été placée par la Providence dans le voisinage de Naples comme pour rappeler à l'homme sa faiblesse et sa continuelle dépendance, et pour lui montrer en même temps le néant de sa félicité passagère.

LE CICERONE.

Il nous reste, en effet, un phénomène bien étonnant à observer : c'est le Vésuve, situé à quatre lieues de Naples, et dont la première éruption devint si fatale aux malheureuses cités de *Pompeïa* et d'*Herculanum*. On a tant de fois décrit les effets de ces éruptions terribles qu'il est inutile d'insister sur ce point. Je suis bien aise seulement de rappeler ici quelques circonstances relatives au triste événement qui survint l'an 79 de notre ère. Pompeïa avait été déjà endommagée gravement par un tremblement de terre lorsque, seize ans après, l'éruption du Vésuve la fit entièrement disparaître ainsi que Herculanum.

Pompeïa. (*Pompeii.*) Herculanum.

Au commencement du dernier siècle, des habitants de Retina trouvèrent, en creusant un puits, plusieurs morceaux de marbre jaune antique et quelques autres de diverses couleurs au lieu même qu'avait occupé Herculanum. En 1689, un architecte de Naples fouilla dans la lave qui recouvre Pompeïa à la profondeur de 5 mètres, et ce travail lui révéla l'existence de plusieurs débris précieux. Depuis, on a procédé à des fouilles nouvelles et plus habilement dirigées, et leur résultat a été favorable aux sciences et aux arts. Aujourd'hui vous parcourez, même à Pompeïa, des rues où se pressaient jadis les Grecs et les Romains, et vous pouvez encore contempler des restes de maisons, de théâtres et de temples.

ALFRED.

Est-il vrai que, sur ces ruines ou plutôt sur la lave

même d'un volcan toujours enflammé et toujours menaçant, s'élève une maison de plaisance habitée par des rois ?

LE CICERONE.

C'est ce que vous voyez à Portici, château embelli des dépouilles mêmes des villes jadis englouties.

ALFRED

Je ne conçois pas cette sécurité.

LE CICERONE.

Les plaisirs étourdissent et cachent les dangers. L'habitude les rend moins effrayants, et l'espérance d'échapper à de nouvelles catastrophes enchaînent les heureux Napolitains à ce sol où la mort semble fermenter sous leurs pas. Des fleurs recouvrent ici des abîmes.

JOSEPH.

Je me rappelle toujours, à l'aspect du Vésuve, de la fin déplorable de Pline l'Ancien.

LE CICERONE.

Il était à Misène où stationnait la flotte romaine; une fatale curiosité le porta à se rapprocher du phénomène qu'il voulait observer de près. Il vint jusqu'à Stabies; vous savez comment il y périt. Son corps, retrouvé deux jours après, ne présentait aucune blessure.

Misène. (*Capo-Miseno.*)

Castel-à-Mare. (*Stabie.*)

Maintenant laissez à droite le Vésuve pour vous

Pœstum. (*Possidonia.*) (*Pesti.*) rendre à Pœstum en passant par Salerne, ville devenue célèbre par son école de médecine. *Pœstum*, dans l'ancienne Lucanie, vit s'établir dans ses murs, l'an de Rome 310, une colonie de Sybarites. Son territoire était célèbre à cause de la grande quantité de roses qu'il produisait. Elles y fleurissaient deux fois l'année, au printemps et en automne.

ALFRED.

En retournant à Naples pour la dernière fois n'oublions pas de visiter, dans une de nos promenades marines, ce groupe d'îles que nos aïeux distinguaient à l'extrémité du golfe.

Ile Prochyta. (*Procita.*) Ile d'Ischia. Ile Caprée. (*Capreæ.*) (*Capri.*) C'est d'abord l'île de Prochyta (*Procita*), qui renferme de belles maisons de plaisance. L'île d'Ischia, dont les bains et les étuves attirent tant de malades; et enfin cette île de Caprée, dont Tibère avait fait le théâtre de ses débauches.

LE CICERONE.

Elle devait lui plaire par la sécurité que lui inspiraient les obstacles naturels qui la rendaient presque inaccessible; elle était environnée d'écueils, et on ne pouvait y pénétrer que par un seul endroit.

ALFRED.

Je vous avouerai, monsieur, que c'est avec peine que je quitte ces environs de Naples, bien plus intéressants que cette ville elle-même, et que je forme secrètement le vœu de venir un jour les visiter plus attentivement.

LE CICERONE.

Eh bien! si vous réalisez jamais ce beau projet, je dois vous indiquer un site dont je n'ai pu vous entretenir plutôt.

Gravissez la montagne qui domine le château Saint-Elme, et qui est plus élevée que le palais de Capo-di-Monte; rendez-vous par la superbe allée de châtaigniers qui le précède au couvent des Camaldules, et je vous prédis les plus douces jouissances. Placé sur le promontoire qui couronne ces hauteurs, vous aurez sous les yeux tout ce que la nature, la mythologie et l'histoire peuvent offrir de plus intéressant à un observateur instruit : la baie de Naples avec ses ondes bleues et transparentes; l'île charmante de Prochita, l'île plus agreste d'Ischia; Caprée avec les deux pics qui dessinent ses deux extrémités; le Vésuve à la tête chauve et aride avec sa pyramide de fumée; partout les traces de volcans éteints, la Solfatara, sa crête jaunissante et sa pente qu'on dirait couverte de fleurs pâles et jaunes; le lac d'Agnano avec ses ondes tranquilles; enfin tous les lieux dont nous avons déjà parlé, et qui vous rappellent les traditions poétiques du paganisme sur l'existence d'une autre vie. La petite île de Nisida que nous avons négligée vous rappellera le séjour de Lucullus; et dans le fond du golfe, Sorrente et ses orangers feront revivre les souvenirs du Tasse venant demander un asile à sa sœur. Quand vous aurez examiné toutes les parties de ce vaste panorama ; quand vos yeux, lassés de parcourir ce paysage qui n'offre que les cendres et les laves des volcans auront cessé de contempler ces ruines de cités, d'amphithéâtres, de temples et de maisons, alors rappelez à votre mémoire les hommes célèbres à différents titres qui se sont promenés autour de cette montagne ; comparez-les aux humbles religieux que vous avez près de vous et qui ont quitté le monde pour se préparer à la mort, et en songeant à l'instabilité des choses humaines, voyez quelle est la meilleure de toutes les philosophies.

GRANDE GRÈCE.

LE CICERONE.

Il est temps que nous jetions un coup-d'œil sur cette partie de l'Italie qui porta le nom de *Grande-Grèce*, à cause du nombre considérable de colonies grecques qui s'y établirent successivement.

Nous avons quatre pays principaux à parcourir : l'Apulie, la Messapie, la Lucanie et le Bruttium. J'aurai soin de noter leurs rapports avec les divisions modernes. Notre revue sera courte afin de pénétrer plus tôt en Sicile.

Près du golfe de Manfredonia, vous découvrez quelques vestiges d'*Arpi*, ancienne capitale des Dauniens fondée par Diomède. Le grand Fabius en chassa adroitement les Carthaginois. Pouille Daunienne. (*Apulia.*)

ALFRED.

Voici les ruines du petit bourg de Cannes sur les bords de l'Aufidus (*Ofanto*). 90 mille Romains expièrent la faute de Terentius Varron, qui compromit dans cette fatale journée le salut de sa patrie. Paul Emile y périt ; le carnage fut si horrible qu'Annibal cria plusieurs fois à ses soldats : *C'est assez ! épargnez les vaincus !* Cannes.

LE CICERONE.

Une femme de l'Apulie établie à Canusium fournit Canusium. (*Canosa.*)

aux Romains échappés du massacre de Cannes des habits, des vivres, et même de l'argent.

ALFRED.

C'est à Canusium que le jeune P. Scipion jura sur son épée de ne point abandonner la république. On sait comment il se montra fidèle à ce serment.

LE CICERONE.

Venusium. (*Venosa.*)

C'est à Venusium que se rendit immédiatement Varron après le désastre de Cannes. Vous savez qu'à son retour, le peuple romain alla à sa rencontre, et que le sénat même le loua publiquement d'avoir rassemblé les débris de son armée et de n'avoir point désespéré du salut de la république : la magnanimité romaine se montra alors dans tout son éclat.

Terre de Bari. (*Peucetia.*) Barium. (*Bari.*)

A quinze lieues de Canusium était Barium (*Bari*). C'est là que Silanus fut exilé par Néron, uniquement à cause de son mérite. Il y lutta tristement contre les sicaires du tyran qui le firent périr sous leurs coups.

LE CICERONE.

Messapie ou Iapygie (selon les Grecs). Terre d'Otrante.

Quoique les poètes donnent souvent le nom d'Iapygie à toute l'Apulie, il ne convient néanmoins qu'à la presqu'île qui forme le talon de la botte et qu'on appelle Messapie.

JOSEPH.

On la nommait aussi Calabre et pays des Salentins. Mais le pays des Calabrois était fort différent de celui que l'on a désigné depuis sous le nom de *Calabre*. C'était une contrée riche, fertile, abondante en fruits, et renommée pour ses abeilles et ses bestiaux. On y voyait des serpents et plusieurs bêtes venimeuses.

ALFRED.

Vous me rappelez l'histoire de la tarentule, sorte d'araignée dont la piqûre produisait des effets bien singuliers, mais que l'on regarde comme fabuleux.

LE CICERONE.

Nous voici près de Tarente; et aucun de vous n'a oublié ce que l'histoire raconte de la mollesse de ses habitants nourris dans les délices et adonnés au vin. Si l'on en croit quelques écrivains, ils avaient, dit-on, plus de fêtes qu'il n'y avait de jours dans l'année. Tarente.

LÉOPOLD.

Ils eurent à se repentir d'avoir outragé le peuple romain et d'avoir mis leur confiance dans un prince étranger. Pyrrhus ne put les soustraire à la vengeance de leur redoutable ennemi. Je me rappelle aussi que Annibal et Fabius firent assaut d'habileté et de ruse pour s'emparer alternativement de Tarente, et que le général carthaginois s'écria, après avoir été expulsé de la ville : « Les Romains ont aussi leur Annibal. »

ALFRED.

Voici le port de Brindes, lieu d'embarcation pour les Romains quand ils partaient pour la Grèce. Pompée s'y renferma quand il fuyait devant César, et sa retraite dans cette circonstance est une de ses plus belles actions militaires. Brundusium. (*Brindisi.*)

LE CICERONE.

Le mont Garganus (*Monte-sant-Angelo*) couvert
Lucanie. d'une forêt de chênes appartient à la Daunie.

(Parties de la principauté citérieure de la Basilicate et de la Calabre ultérieure.) Passons chez les Lucaniens, peuple qui tirait son origine des *Samnites*. Nous avons déjà visité Pœstum qui s'y trouvait comprise. — A douze lieues sud-ouest de Tarente et sur le golfe de ce nom, vous remarquerez
Metapontum. les ruines de Métaponte où le célèbre Pythagore vint chercher un asile et Annibal un lieu de retraite. Au sud de Métaponte sont encore des ruines
Heraclea. fameuses, celles d'Héraclée. C'est là que les éléphants de Pyrrhus décidèrent de la victoire en sa faveur.

ALFRED.

Encore des ruines intéressantes à dix-huit lieues
Sybaris. d'Héraclée. Le nom de Sybaris rappelle les mœurs efféminées de ses habitants toujours occupés de festins, de spectacles et de fêtes. On dit qu'on y décernait des récompenses aux cuisiniers qui inventaient de nouveaux mets pour satisfaire le goût.

LE CICERONE.

L'état actuel de nos mœurs nous dispense de ce soin ; nous sommes mieux servis aujourd'hui que les anciens Sybarites.

JOSEPH.

Milon, le célèbre Crotoniate, prit, dit-on, Sybaris en détournant le fleuve Crathis, qui submergea la ville entièrement. Thurium, fondée par les Athéniens près des ruines de Sybaris, disparut à son tour 63 ans après la destruction de Sybaris. Deux fleuves, le Silarus (*Silaro*) et le Siris (*Semno*), coulent dans ces régions, et se rendent l'un dans la mer Intérieure et le second dans le golfe de Tarente. Thurium.

LE CICERONE.

Nous pénétrons dans la Calabre ou dans le pays des Bruttiens, peuple fort peu estimé des Romains à cause de leur stupidité et surtout des rapports qu'ils avaient eus avec Annibal dont ils embrassèrent le parti. La forêt *Sila*, dont parle Virgile quand il compare le combat de Turnus et d'Enée à celui de deux taureaux, avait 30 lieues d'étendue, et se voit encore aux environs de Cozenza (*Consentia*). Bruttium. La Calabre.

ALFRED.

C'est dans le Bruttium que se retira Annibal après la mort de son frère. C'est là encore que le préteur Crassus opposa un large fossé surmonté d'une haute muraille à Spartacus révolté, et qu'il l'obligea de se concentrer dans cette étroite péninsule.

LE CICERONE.

A 5 lieues sud-est de Thurium, remarquez une ville qui a lutté contre le fameux Totila : c'est Rossano qui était alors commandée par un chef de la nation des Huns. Le Barbare avait promis de la livrer si, dans un temps donné, les secours qu'on espérait Roscianum. (*Rossano.*)

n'arrivaient pas. Au jour fixé, une flotte se présente et fait tressaillir de joie les assiégés ; mais une tempête la disperse, et la ville tombe au pouvoir de Totila qui traite cruellement les vaincus.

LÉOPOLD.

Consentia. (*Cosenza.*) Cozenza (*Consentia*) était la capitale du Bruttium. Un roi d'Epire nommé Alexandre qui avait péri près de Pandosia. Pandosia, ville située près de la source de l'Achéron, fut après sa mort exposé dans Cozenza aux outrages des Lucaniens, qui insultèrent à son cadavre. Une femme, cédant à un sentiment d'humanité, parvint à s'emparer de ses tristes restes et les rendit aux Epirotes établis à Métaponte.

LE CICERONE.

A 20 lieues de Cozenza, au nord-est, se trouve la Petilia. petite ville de Petili (*Petilia*) sur le Crimisus (*Lipida*). Pressée par Annibal, elle implora en vain le secours du peuple romain, et finit par devenir, comme Sagonte, victime de sa fidélité.

JOSEPH.

Crotone. (*Crotone.*) Au sud de Petilia, la ville de Crotone où Pythagore fixa son séjour nous rappelle ces vigoureux athlètes qu'elle fournissait aux jeux olympiques et qui furent tous éclipsés par le fameux Milon dont on vous a vanté la force prodigieuse.

LE CICERONE.

Je ne dois pas négliger de vous indiquer l'île célèbre de la nymphe Calypso, appellée aussi *Ogygie*, qui n'est pas éloignée de Crotone et que vous pouvez distinguer au sud-est du cap Lacinium. Ulysse, vous le savez, y fut jeté par suite d'un naufrage, et son fils Télémaque y fit un séjour qui lui serait devenu funeste sans les conseils du sage Mentor. Ile de Calypso.

LÉOPOLD.

N'est-ce pas près d'Hipponium, ou *Vibo*, que Ciceron vint chercher un asile chez un ami avant de s'embarquer pour Dirrachium? Hipponium. (*Vibo.*) (*Bivona.*)

LE CICERONE.

Ce grand orateur passa en effet quelques jours sur les terres de Sicca près de Vibo. Strabon prétend que rien n'égalait le charme et la beauté des prairies qui entouraient Hipponium; les fleurs y croissaient en abondance.

JOSEPH.

Vous vous souvenez tous des Mamertins qui commirent tant de brigandages à Messine et qui inquiétèrent si fort les Syracusains et les Carthaginois. C'est au sud d'Hipponium que nous trouvons la ville dont ils étaient originaires, et qu'on nommait Mamertum (*Oppido*). Ces aventuriers conservèrent le nom de leur ancienne patrie. Mamertum. (*Oppido.*)

LE CICERONE.

A 9 lieues ouest de Mamertum est Scylla. Ce nom vous rappelle l'écueil placé à l'entrée du détroit de Scylla. (*Sciglio.*)

Messine, en face de celui de Charybde. Ces deux rochers rendent le passage bien dangereux et causent un grand effroi aux navigateurs.

ALFRED.

Où étaient établis les Locriens ?

LE CICERONE.

Locri. (*Motta-di-Burzano.*)

En revenant du siége de Troie, les Locriens qui avaient été commandés par Ajax virent presque tous leurs vaisseaux disparaître dans une tempête. Ceux d'entre ces guerriers qui survécurent à ce désastre gagnèrent l'Italie et fondèrent la ville qui porte leur nom, Locri, dont vous n'apercevez plus que des vestiges désignés sous le nom de *Motta-di-Burzano*. Ils sont près du promontoire *Zéphirium* (cap Spartivento).

ALFRED.

Regghium. (*Reggio.*)

Enfin nous voilà sur les bords du détroit Sicilien, ou phare de Messine. Voilà *Regghium* (Reggio), que les tremblements de terre ruinèrent à plusieurs reprises et firent abandonner, mais qui fut rebâtie par Jules César.

Denys-le-Tyran avait pris cette malheureuse ville par la famine et n'y trouva que des cadavres.

LE CICERONE.

Leuco-Petra. (*Capo-Pittaro.*)

Je vais vous conduire à l'extrémité d'une branche de l'Apennin dont la longue chaîne, comme je vous l'ai dit, se prolonge dans toute l'Italie. Le capo Pittaro, remarquable par sa blancheur, la termine par un beau promontoire appellé Leuco-Petra.

VOYAGE EN SICILE.

LE CICERONE.

Nous voici sur une terre classique dont l'histoire nous a déjà fait connaître l'antique célébrité. L'examen attentif de cette île, la plus grande de celles que possède la Méditerranée, doit exciter vivement notre curiosité. La nature l'a d'ailleurs favorisée de tant d'avantages, que vous aurez tour-à-tour sujet d'admirer, et la douceur de son climat, et la pureté de l'air qu'on y respire, et la fertilité prodigieuse de son terroir.

ALFRED.

Ciceron appelait la Sicile le *grenier de Rome* et la *nourrice du peuple romain*.

LE CICERONE.

Aussi fut-elle un objet d'envie pour deux peuples rivaux qui ont renouvelé cent fois leurs luttes sanglantes pour s'en assurer la possession.

JOSEPH.

Quel dommage qu'un si beau pays soit toujours à la veille de quelque désastre !

LE CICERONE.

Il est vrai que de fréquents tremblements de terre

y révèlent la présence d'un feu souterrain qui la met continuellement en péril. L'Etna ou *Monte-Gibello* s'élève comme un colosse au-dessus de toutes les montagnes de la Sicile jusqu'à près de 3600 mètres environ. Le pied de ce géant n'a pas moins de 20 lieues de tour ; vous y découvrez les ouvertures de cent cratères. Son sommet est couvert de neige, et c'est là qu'est la bouche enflammée où l'on observe les effets de ce terrible phénomène. Néanmoins, malgré les alarmes causées par les éruptions assez fréquentes de ce volcan, 180 mille habitants couvrent les terres environnantes.

ALFRED.

On peut à peine concevoir une telle sécurité quand on sait que l'Etna a éprouvé 77 éruptions, 11 avant l'ère chrétienne et 66 depuis cette époque. Observez encore que Messine fut détruite au 16e siècle, Catane fortement ébranlée au 17e, et que 24 ans plus tard 39 mille individus furent engloutis par suite d'une commotion souterraine.

LE CICERONE.

Nous n'avons pas à visiter l'intérieur de ce pays sillonné par des chaînes qui forment trois grandes vallées et se terminent par des promontoires ; mais nous examinerons avec plaisir les côtes intéressantes de la Sicile, surtout celles de l'est et de l'ouest, où se trouvent les villes le plus agréablement situées et les plus célèbres dans les annales de l'histoire.

Entrons dans l'ancienne cité des Mamertins, dans

Messine à qui des Messéniens donnèrent probablement leur nom. Voyez la beauté de ce port qui a 3 milles de circuit, et qui est un des ouvrages les plus étonnants en ce genre. Le golfe sur lequel il est construit forme à peu près un cercle parfait. Vous apercevez au loin le château de Salvatore qui défend la ville, le fanal qui éclaire le port, et la grande citadelle, une des plus remarquables de l'Italie. Messine.

LÉOPOLD.

Quels sont les ports les plus fréquentés de la Sicile?

LE CICERONE.

Outre celui de Messine, il y en a trois autres où le commerce attire aussi beaucoup d'étrangers : Trapani, Gergenti et Palerme, que nous visiterons successivement. Messine est bâtie partie sur une colline partie dans la plaine. Elle est ornée de beaux édifices et offre un coup-d'œil agréable et riant. Mais rien n'égale le charme de ses environs. Examinez, de la ville même, la perspective que présente cet ensemble de montagnes, de collines et de forêts, et vous croirez apercevoir une décoration de théâtre.

JOSEPH.

Nous traverserons une vallée très-remarquable pour nous rendre à Palerme, capitale de la Sicile.

LE CICERONE.

Il n'y en a pas de plus considérable dans cette contrée : c'est la vallée *del Demona*.

ALFRED.

Je conçois qu'elle aura pris ce nom du mont Etna lui-même que le peuple regarde comme une des bouches de l'enfer. L'ancienne *Tindaro* ne se trouve-t-elle pas dans ses parages ?

LE CICERONE.

Patti. (Ruines de *Tindaro*.) Vous en apercevrez les ruines près d'un petit port appelé Patti. La ville possède une cathédrale que l'on peut comparer à quelques églises de Milan. Après avoir successivement traversé les petites villes de San-Marco, Caldonia et Tosa, nous entrons, près de Rocella, dans la vallée de Mazzara.

LÉOPOLD.

La province de ce nom est, dit-on, la plus peuplée des trois vallées siciliennes ; elle occupe toute la partie occidentale de cette contrée. Vous y trouvez en abondance tous les objets nécessaires à la vie.

LE CICERONE.

Solanto précède la capitale que vous apercevez déjà sur la côte septentrionale de l'île, dans une plaine fertile et riante et sur un golfe qui porte le nom même de Palerme. Palerme est une ville magnifique et qui mérite bien de fixer votre attention. Les 163 mille habitants dont se compose sa population font déjà pressentir l'état prospère de cette grande cité. (Palerme)

La noblesse de Palerme est riche et distinguée ; les palais sont admirablement décorés, mais surtout celui du vice-roi qui possède en outre des jardins délicieux. Au milieu de la place de Palerme s'élève, sur un riche piédestal, la statue de Philippe IV entourée de quatre statues allégoriques. L'hôpital du Saint-Esprit et l'église métropolitaine occupent les deux côtés de la même place. Les . jésuites possédaient dans la grande et belle rue de Cassaro un superbe collége dont il faut visiter l'église à cause de son architecture et de ses ornements. Près du palais de justice et sur la grande place de Palerme, vous ne verrez pas sans étonnement la grande fontaine qui l'embellit et à laquelle peut-être nul autre monument de ce genre ne saurait être comparé.

ALFRED.

Cette ville possède un autre monument vénérable qui date du 12e siècle, et que les habitants appellent *l'église-mère.*

LE CICERONE.

C'est la cathédrale, vieux temple gothique dont le comble est soutenu par 80 colonnes de granit oriental. Vous y voyez le tombeau de plusieurs rois normands. Enfin, si vous voulez admirer des mosaïques précieuses, n'oubliez pas l'église du Palais qui en est toute revêtue à l'intérieur.

Je ne vous parlerai point des autres monuments publics ni des nombreux établissements dont la religion, les sciences ou la bienfaisance ont doté Palerme. Qu'il me suffise de vous dire que tout y est en rapport avec la grandeur et l'importance de cette cité remarquable. Pour jouir du spectacle le plus imposant, il faut se trouver à Palerme lorsqu'on y célèbre la fête de sainte Rosalie, à qui les habitants attribuent la cessation d'une peste qui décimait leur population. Vous serez étonné du concours prodigieux qu'attire cette solennité nationale fixée au 15 juillet.

JOSEPH.

Palerme doit avoir des promenades délicieuses ?

LE CICERONE.

Vous trouvez sur le littoral la belle promenade de la Marina, le jardin Flora qui tient au jardin botanique. Mais visitez les dehors de cette grande cité et vous admirerez la fertilité de ces belles campagnes où le naturaliste se plaît à multiplier ses recherches et à cultiver son goût pour la science. Portez ensuite vos regards sur la cîme des montagnes que vous
Mont Trapani. (Eryx.) apercevez au loin, et vous distinguerez le mont Trapani (l'ancien *Eryx*) et le mont Pellegrino où sainte Rosalie se ménagea une tranquille retraite. Mais quittons le port de Palerme qui passe pour l'un des plus beaux de la Méditerranée, et transportons-nous à Ali-
Alicata. cata renommée par ses bons vins et la grande quantité de grains qu'on en tire ; nous passerons ensuite à Gergenti.

ALFRED.

Gergenti. (Agrigente.) Gergenti est l'ancienne *Agrigente* dont on attribue la fondation aux Ioniens. En parcourant l'histoire, j'ai souvent déploré la destinée de ses malheureux habitants contraints de subir tour-à-tour la domination de Phalaris et des tyrans qui succédèrent à ce monstre, pour tomber plus tard entre les mains des Carthaginois et des Romains. C'était jadis une ville superbe, mais les Barbares l'ont cruellement dévastée. Il faut revoir, messieurs, l'éloge que Virgile, Ciceron et Diodore de Sicile ont fait de sa beauté.

La nouvelle Agrigente occupe-t-elle la place de l'ancienne ?

LE CICERONE.

Non, monsieur, sa situation vous est indiquée par une petite ville qui porte le nom de Gergenti-Vecchio. Gergenti-Vecchio.
Je vous ferais injure si je rappelais ici l'histoire de ce taureau d'airain, instrument du supplice que Phalaris imposait à ses victimes. La nouvelle Agrigente est très-belle ; on y voit un château bien fortifié et un port qui est un des meilleurs de la Sicile.

Vous voyez que, dans notre course, nous remontons vers la partie septentrionale, afin d'arriver jusqu'à Mazzara dont nous avons parcouru déjà en partie la vallée.

JOSEPH.

Mazzara est une petite ville qui compte à peine 8 mille habitants, mais dont le port est très-commerçant. Dirigeons-nous maintenant vers la côte orientale, où nous verrons Syracuse, aujourd'hui Saracossa, qui passait autrefois pour une des plus belles et des plus grandes villes du monde. Mazzara.

LE CICERONE.

Vallée de Noto.

En descendant, vers le sud, jusqu'au cap Passaro, je vous montrerai la troisième vallée de la Sicile. Vous connaissez celles de Démona et de Mazzara ; il ne nous reste à visiter que la vallée de Noto. Un tremblement de terre détruisit, vers la fin du 17e siècle, la superbe ville de ce nom. Les habitants en bâtirent une autre à 4 ou 5 lieues de la mer, qu'ils appelèrent Noto-Novo. C'est aujourd'hui la capitale de la vallée dont nous venons de parler.

LÉOPOLD.

N'y a-t-il sur la côte orientale que Syracuse et Messine qui méritent d'être mentionnées ?

LE CICERONE.

Augusta. Taormina.

Je me contenterai de nommer encore Augusta à cause de son excellent port, et Taormina, à 30 lieues de Messine, où saint Paul éleva le premier autel chrétien qu'on ait vu en Sicile.

ALFRED.

Nous voici maintenant dans la patrie d'Archimède, d'Aristarque, de Phormion et de Théocrite. Mais vous ne reconnaîtrez pas Syracuse si vous la jugez d'après la description que nous en ont laissée les historiens. Combien elle est déchue de son antique splendeur ! Où sont aujourd'hui ses colonnes superbes, ses marbres fastueux, ses statues, en un mot tous les riches ornements dont s'enorgueillissait cette grande cité ? Ils sont devenus la proie de quelque orgueilleuse rivale qui n'a laissé dans son enceinte que des restes dignes encore de l'admiration du voyageur.

LE CICERONE.

Syracuse, bâtie sur un rocher, peut opposer à ses ennemis une défense qu'elle trouve dans sa position elle-même. Sa population est réduite aujourd'hui à 15 mille habitants; son port où l'on remarque beaucoup d'antiquités curieuses, est assez commode ; son commerce doit surtout sa prospérité à la renommée de ses vins qu'elle recueille aux environs du mont Gibel.

JOSEPH.

C'est à Syracuse que Denys-le-Tyran exerçait ses cruautés.

LE CICERONE.

On montre encore la vaste carrière où il avait creusé les prisons, ou pour mieux dire, les tombeaux de ses victimes, et qu'on appelait *l'Oreille de Denys*. Le tyran avait pratiqué dans les rochers une ouverture où il venait écouter les plaintes des malheureux dont la voix trahissait ordinairement les secrets en parvenant fidèlement à l'oreille du persécuteur.

Syracuse vous rappelle l'étroite liaison de deux amis.

LÉOPOLD.

Qui n'a retenu les noms de Damon et de Pythias, et la générosité de ce dernier qui s'exposa pour son ami à la vengeance du tyran, en lui servant de caution jusqu'à la fin d'un voyage ? Damon revint au jour fixé, et l'héroïsme de ces deux infortunés triompha de la barbarie de Denys, qui voulut même être admis en tiers dans leur amitié.

LE CICERONE.

Notre revue ne serait point complète si je ne vous indiquais, messieurs, la position de certaines villes qui ont une célébrité historique. Ainsi je citerai au nord de Syracuse *Hybla Parva*, à laquelle des Doriens donnèrent plus tard le nom de Mégare. Ce lieu doit vous intéresser d'autant plus que Virgile a vanté les productions que fournissaient les côteaux qui l'environnent. Vous vous souvenez des abeilles et du miel délicieux du mont Hybla.

Géographie ancienne. Hybla Parva. (*Megara.*)

Mégare fut détruite par Gélon, roi de Syracuse.

ALFRED.

Gela. Sur la côte occidentale était Gela, dont les habitants fondèrent Agrigente après la prise de leur ville par le Carthaginois Imilcon.

LE CICERONE.

Au sud de Lilybée et à l'embouchure du Selinus était Selinonte qui fut assiégée par Annibal. Ce guerrier eut occasion d'admirer le courage et l'héroïsme que les femmes de Selinonte déployèrent au siége de leur ville. Vous ne retrouvez plus que quelques vestiges de ses remparts.

Selinonte.

ALFRED.

Pyrrhus s'efforça vainement de prendre Lilybée que vous voyez encore, sous le nom de Marsalla, sur un promontoire très-saillant. Il quitta la Sicile à regret, enviant aux Carthaginois et aux Romains cette terre féconde qui allait servir de champ de bataille à ces deux peuples rivaux. Les Carthaginois régnaient dans Lilybée à l'époque de la première guerre punique; les Romains les y assiégèrent pendant plus de cinq ans, et cette place leur fut enfin remise. Lilybœum.

LE CICERONE.

Voyez-vous ce port qui se recourbe comme une faulx ? c'est l'ancienne *Drépane*, aujourd'hui Trapani. Enée y perdit son père Anchise et y célébra plus tard le douloureux anniversaire de cette perte par des jeux et des combats, si délicieusement décrits par le prince des poètes latins. C'est à Drépane que Clodius Pulcher perdit contre Adherbal une bataille navale qui détruisit presque toute la flotte romaine. Drepanum, (*Trapani.*)

ALFRED.

N'oublions pas qu'au nord de Drépane était le mont Eryx du haut duquel Aceste aperçut le vaisseau d'Enée. La citadelle moderne de San-Giuliano a remplacé le fameux temple de Vénus Erycine. Mont Eryx. (*San-Giuliano*)

LE CICERONE.

Portez vos regards vers la mer : vous apercevez un groupe d'îles situées entre Lilybée et Drépane, ce

Iles Egates. sont les îles Egates. Il faut se rappeler ici que la première guerre punique fut terminée par une sanglante bataille livrée dans ces parages aux Carthaginois par le consul Lutatius Catulus qui s'y couvrit de gloire.

ALFRED.

Segesta. Voici encore une ville célèbre, à neuf lieues du mont Eryx : c'est Ségeste dont le port était connu sous le nom de *Marché des Ségestains*.

LE CICERONE.

Himera. (Termini.) A sept lieues de Palerme était *Himère*, aujourd'hui Termini, qui avait des bains chauds dans son voisinage. Le siége d'Himère par Amilcar détermina la mort de ce général et la ruine des vaisseaux carthaginois. Annibal, son petit-fils, le vengea glorieusement et la renversa de fond en comble.

Himère fut la patrie du poète Stésicore.

ALFRED.

Enna. (Castro-Giovane.) Au milieu de la Sicile était Enna, bâtie sur une montagne environnée de plaines fertiles toujours fleuries et embaumées. Ce lieu rappelle l'enlèvement de Proserpine. Vous savez que Cérès avait à Enna un temple magnifique.

LE CICERONE.

Voici les cours d'eau les plus remarquables de la Sicile : l'Anapus (*Anapo*) qui arrose le territoire de

Syracuse ; vers le sud et au-dessus du promontoire Fleuve Anapus [Anapo.]
Pachyum coule l'Asinarus ; le Simœthus (*Giarreta*), Asinarus *fleuve.*
formé de plusieurs rivières, se rend dans la mer au- Simœthus *fleuve.* [*Giarreta.*]
dessous de Catane ; le fleuve Hymera (*Fiume Salso*) Himera.
coule vers l'ouest près de Phintias, et coupe la Sicile en deux parties presque égales ; enfin le Cri- Crimisus.
misus (*Fiume-di-Calta-Bellota*) a son embouchure dans la mer de Lilybée. Ses bords furent jadis témoins des exploits de Timoléon contre Amilcar et Annibal qui laissèrent en se sauvant des richesses immenses à leur vainqueur.

ALFRED.

Je vais compléter cette intéressante relation en vous indiquant, au nord de la Sicile, un groupe composé de sept îles nommées îles d'Eole ou de Vul- Iles Eoliennes, ou de Vulcain [*Iles Lipari.*]
cain. Lipara, la principale de ces îles, renfermait un volcan qui vomissait continuellement des tourbillons de flammes. Les anciens y placèrent l'atelier et les forges de Vulcain. Comme les habitants connaissaient par la fumée qui s'en échappait les vents qui devaient souffler le troisième jour, on donna cette île pour palais à Eole dont les poètes firent le dieu des vents.

LE CICERONE.

Nous n'avons oublié que l'île de Sardaigne, qui se Ile de Sardaigne. [*Sardinia.*]
lie au sujet de nos descriptions puisqu'elle tient au royaume de Sardaigne dont nous avons parlé. Cette

île dont le terroir est montagneux, mais très-fertile en blé, en huile et en vin, était regardée comme le grenier de Rome. On y trouvait divers métaux, même des mines d'argent. Elle avait pour capitale *Calaris*, qui jouit encore de cette primauté sous le nom moderne de Cagliari. Cette ville fut fondée par les Carthaginois, qui en ont fait le théâtre de leurs débats sanglants avec les Romains, au temps de Manlius et d'Asdrubal.

Calaris. [*Cagliari.*]

FIN.

TABLE ALPHABÉTIQUE

DE TOUS LES LIEUX MENTIONNÉS DANS LE VOYAGE CLASSIQUE.

FIN DE LA TABLE.

DU MÊME AUTEUR.

MÉTHODE SYNGRAPHIQUE,

Au moyen de laquelle on peut dresser sur-le-champ et de mémoire une Carte quelconque avec une exactitude rigoureuse.

En vente

La 1re livraison. — Prix. . . . . 2 fr.

CHEZ DEVERS, LIBRAIRE-ÉDITEUR,

Rue Saint-Rome, 5,

Et chez l'auteur, rue Montandran, 60.

www.ingramcontent.com/pod-product-compliance
Ingram Content Group UK Ltd.
Pitfield, Milton Keynes, MK11 3LW, UK
UKHW031916260826
14628UKWH00003B/1237

9 782013 440462